"十三五"国家重点出版物出版规划项目
现代机械工程系列精品教材

现代设备管理

第 3 版

沈永刚 编

机械工业出版社

现代设备管理涉及工程技术、投资经济、管理科学、计算机技术和网络通信技术等多门学科的知识，如今已发展成为一门独立的综合性学科。本书将设备寿命周期全过程的管理作为设备管理的主要内容，包括：设备管理总论，设备的经济规划与投资预测，技术方案的规划和评价，设备的安装和验收，设备的使用与维护，设备故障和诊断，设备的可靠性管理，设备修理和零件修复技术，设备的折旧、改造与更新，设备信息管理和计算机应用，企业非标设备的规划、设计和制造。全书内容丰富，条理清楚。本次再版增加了设备服务于产品对象的设备管理新理念，使现代设备管理水平与时俱进。

本书可作为高等院校设备工程与管理专业方向学生的必修课教材，也可作为机械类、近机类专业学生的选修课教材，还可作为其他专业一般学生拓宽专业知识面的公共选修课教材，同时也可供企业经营管理者、设备管理工程人员和一般科技人员参考。

图书在版编目（CIP）数据

现代设备管理/沈永刚编. —3 版. —北京：机械工业出版社，2018.3
(2024.6 重印)

"十三五"国家重点出版物出版规划项目　现代机械工程系列精品教材

ISBN 978-7-111-58806-1

Ⅰ.①现… Ⅱ.①沈… Ⅲ.①设备管理—高等学校—教材
Ⅳ.①F273.4

中国版本图书馆 CIP 数据核字（2017）第 324916 号

机械工业出版社（北京市百万庄大街 22 号　邮政编码 100037）
策划编辑：冯春生　责任编辑：冯春生　朱琳琳　王保家
责任校对：佟瑞鑫　封面设计：张　静
责任印制：李　昂
北京捷迅佳彩印刷有限公司印刷
2024 年 6 月第 3 版第 7 次印刷
184mm×260mm・9 印张・209 千字
标准书号：ISBN 978-7-111-58806-1
定价：29.80 元

电话服务　　　　　　　　　网络服务
客服电话：010-88361066　　机　工　官　网：www.cmpbook.com
　　　　　010-88379833　　机　工　官　博：weibo.com/cmp1952
　　　　　010-68326294　　金　书　网：www.golden-book.com
封底无防伪标均为盗版　　　机工教育服务网：www.cmpedu.com

序

设备是生产企业的主要生产工具,也是生产企业创造价值的主要物质手段。因此,设备管理与维修在生产企业中是一项重要的管理和技术工作。在当前技术发展非常迅速的同时,设备技术也相应有了很大的发展,随之而来的是设备管理工作的快速前进。设备管理工作必须适应当前装备技术的发展需要,以确保生产企业在现代技术下的正常运转。

20 世纪 60 年代末期,设备管理及维修的滞后情况引起了国际上的重视。虽然看起来当时已经有了一定的进步,但仍未形成学科。20 世纪 70 年代初期设备综合工程学(Terotechnology)出现了,它把设备管理与维修形成一门综合的边缘学科,与摩擦学等同时成为新兴的学科,这是一个了不起的进步。与此同时,一本国际水平很高的期刊《Terotechnica》(后改名为《Maintenance Management International》)出版了。在 20 世纪 70 年代中期至 20 世纪 80 年代中期,这一学科影响很大。我国从 20 世纪 70 年代末引入了这一学科以及相应的其他设备管理和维修方面的管理方法和技术,对推动我国的现代设备管理起到了很大作用。

20 世纪 80 年代初,我国正式提出了设备管理现代化的目标。全国的生产企业,都在为这一目标而努力。1987 年国务院又正式颁发了《全民所有制工业交通企业设备管理条例》,更明确了这一任务。这些年来,国有企业以其现代化的管理成果和经验带动了其他企业一起前进。

随着改革开放的进一步深入,以及市场经济的进一步开展,尤其是我国已经成为 WTO 的正式成员,我们正面临着新的机遇和挑战。对生产企业来说,必须加紧前进,加快现代化的步伐,以适应新的情况。

现代化的过程中最需要的是人才,我们需要培养能适应今后要求更高的设备管理与维修方面的管理人才和技术人才。上海工程技术大学沈永刚教授在其教学经验的基础上,编写了《现代设备管理》一书。希望这本书的出版,能够对今后培养更多更好的设备管理与维修人才做出贡献。

中国设备管理协会原副秘书长
中国设备管理培训中心兼职教授
研究员级高级工程师
蓝文谨

第3版前言

在机械工业出版社的鼎力协助下,《现代设备管理》一书,第1版于2003年1月正式出版,第1版曾印刷5次;第2版于2010年8月正式出版,第2版已印刷6次。本书内容新,实用性强,先后被上海工程技术大学、河南工程学院、石河子大学等众多本科院校以及高职高专院校选为教材。

使用过本书的高校教师和读者反映,教材篇幅适中,系统性强,内容全面,重点、难点突出,叙述详细,符合当前的教学要求,而且在有限的篇幅中融入了最新的设备管理理念,充分体现出通俗易懂的编写原则,强调理论与实用相结合的教材质量要求。

现代设备是制造业的基础,现代设备管理是用好、管好现代设备的必要条件。现代设备水平与国家装备制造业水平密切相关,我们必须准确把握时代特征,深刻认识我国国情,树立新的发展观念,以科学发展观为指导,促进装备制造业和制造技术的发展和创新,制造出更多的先进设备,并使用好、管理好这些先进设备,服务于我国的经济发展,生产出更加优质的产品来满足社会的需求。

人类正处在全球信息化、数字化、网络化的新时代,我们要抓住大众创业、万众创新的机遇,不负历史使命,培养和造就大批创新型科技人才和设备管理人才,推动并加快实现我国由制造大国向制造强国的跨越,"中国制造2025"将引导我国制造业走向"中国智造",让现代设备发挥出更大的作用。这对于现代设备管理人员无疑是提出了更高的要求,必须与时俱进地去努力探索更高水平的现代设备管理理念。

本次再版增加了新设备、新工艺、新技术方面的发展内容,以及设备管理方面新的理念。增加最多的地方是在"第一章设备管理总论",其次是"第四章设备的安装和验收",还有"第五章设备的使用和维护",这三章中每一章均增加了一节新的内容。第一章中增加了"第六节设备管理的新理念",第四章中增加了"第三节设备试运转期的数据采集",第五章中增加了"第六节设备维护中的备件管理"。第六章和第十一章也有内容增加。

十分荣幸的是,这次得到机械工业出版社和有关专家的大力推荐,作为"十三五"国家重点出版物出版规划项目,出版本书第3版,在这里我要衷心感谢机械工业出版社编审人员的辛勤和努力，以及有关高校教职人员对本书的青睐和厚爱。

本次再版沿用了第 2 版编写的结构风格和理念，但时代在前进，知识更新日新月异，设备技术也在不断进步，由于本人水平有限，所掌握的资料不是十分丰富，编写中难免存在这样和那样的问题，故恳请有关专家和本书使用人员多多提出批评意见。

编　者
于上海

第2版前言

《现代设备管理》在机械工业出版社的大力支持下，于2003年1月正式出版。经中国矿业大学、南京化工职业技术学院、上海工程技术大学，以及北方多所高校几年的使用，有关教师和设备管理方面的专家提出了一些建设性意见，故在本书修订时做了必要的修改和补充。在此特向有关教师和专家致以衷心的感谢！

随着科学技术的迅猛发展，企业生产设备的技术含量越来越高。设备现代化水平的不断提高，势必对现代设备管理提出更高的要求。为了使我国设备管理工作朝着现代化、科学化的方向顺利发展，我们一定要根据我国国情，不断地学习，开拓创新，研究和吸收国外先进的设备管理新技术、新经验，采用系统工程的管理方法来探索具有中国特色的现代设备管理的共同规律，让现代化的设备在国家经济建设和国防建设中发挥出越来越大的作用。

本书可用于30~40学时的教学安排，根据授课对象的不同来确定学时数。本书可作为普通高等院校机械类专业的必修课、专业选修课教材，也可作为其他专业学生的公共选修课教材，以拓展学生的专业知识面。我们曾向汽车类、航空类、材料类、管理类、服装类和艺术类专业的学生开设过30~32学时的公共选修课，由于教材内容相对比较集中，主要是介绍基本概念、基本原理、基本方法，以及有关基本公式的使用，学生容易接受，使用效果较好。

本次修订时，涉及改动部分较多。例如，把目录部分更具体化，第一章第一节的内容做了部分更新，在第二章、第六章、第七章和第八章中适当补充了部分内容。特别是在第八章和第十章中各增加了一节内容，"第十一章 企业非标设备的规划、设计和制造"全部为新增内容，书后还增加了"附录B 38种典型设备修理复杂系数表"，全书新增字数超过3万字。与第1版相比，变化部分超过1/3，改动的重点放在内容的与时俱进、设备与环境的和谐，以及经济的可持续发展上。

现代设备管理涉及的学科越来越多，如系统科学、管理科学、可靠性工程、技术经济学、人机工程学等。如今，现代设备管理已成为一门多学科的交叉学科。本学科的理论研究工作还将继续深入地开展下去，我们要以科学发展观来指导现代设备管理，开展技术创新，走可持续发展的道路，与时俱进，使之不断完善。

由于编者水平有限，错误和不当之处难免，故恳切希望有关教师、学生和广大读者对本书多提宝贵意见。

编　者

于上海

第1版前言

随着科学技术的发展和人类社会的进步,人们对现代化设备的需求和依赖程度越来越高。没有现代化的设备,在我们国家要想实现工业、农业、科学技术和国防的现代化强国愿望,显然十分困难。

有了现代化的设备,如何用好它和管好它,并让其发挥最佳的效能,这是"现代设备管理"课程研究的主要课题。

设备管理起源于事后修理和预防维修的单纯维修管理模式。但由于社会生产的不断发展和人们生活水平的逐渐提高,从而推动了设备技术的高度综合和设备自动化程度的不断提高,迫使人们不断地去探索新的设备管理体制和新的设备管理方法。今天,设备管理已发展成为一门独立的综合性学科,将设备寿命周期全过程的管理作为现代设备管理的主要内容。

设备寿命周期全过程的管理,本质上是追求企业的设备系统与其他系统之间的优化组合,以期获得最佳的设备寿命周期费用效率。

为了进一步推动我国设备管理工作朝现代化、科学化的方向发展,我们一定要根据我国国民经济发展情况,并引进国外先进的设备管理新成就和新技术,采用系统工程的方法来探索具有中国特色的现代设备管理的共同规律。

现代设备管理涉及多门学科,内容非常丰富。随着现代设备管理技术的广泛应用,本学科的理论工作必将继续深入开展下去,使之不断完善。

本书内容由10章组成,包括设备管理总论、设备的经济规划与投资预测、技术方案的规划和评价、设备的安装和验收、设备的使用与维护、设备故障和诊断、设备的可靠性管理、设备修理、设备折旧、计算机在设备管理中的应用等。本书可用于35～40学时的教学安排,可作为高等院校设备工程与管理专业方向学生的必修课教材,也可作为机械类、近机类其他专业学生的选修课教材。每章后面都有思考题,书后附有计算题,可供学生复习和掌握课程要点。

本书在编写的过程中,参阅了国内和国外的有关资料,在此特向有关作者谨表谢意。这里要特别感谢中国设备管理协会蓝文谨教授和中国矿业大学杨志伊教授,在本书编写中两位教授给予了精心指导,蓝教授还专门为本书作序。

另外,由于设备工程与管理学科还在继续发展,但编者水平有限,书中错误和不足之处在所难免,恳请读者提出批评和改进意见。

编　者
于上海

目 录

序
第 3 版前言
第 2 版前言
第 1 版前言
第一章　设备管理总论 ………………… 1
　第一节　现代设备的特征 ………………… 1
　　一、日益大型化或超小型化 ……………… 1
　　二、运行高速化 …………………………… 2
　　三、功能高级化 …………………………… 3
　　四、自动化和复杂化 ……………………… 3
　　五、节能降耗和环保 ……………………… 4
　第二节　设备管理的发展过程 …………… 5
　　一、事后维修阶段 ………………………… 5
　　二、设备预防维修管理阶段 ……………… 5
　　三、设备系统管理阶段 …………………… 6
　　四、设备综合管理阶段 …………………… 7
　第三节　设备管理的意义 ………………… 8
　　一、关系到产品的产量和质量 …………… 8
　　二、关系到产品的成本 …………………… 9
　　三、关系到安全生产和环境保护 ………… 9
　　四、关系到企业生产资金的合理利用 …… 9
　第四节　设备现代化管理的内容 ………… 10
　　一、设备的综合效率 ……………………… 10
　　二、设备的一生管理 ……………………… 10
　第五节　设备寿命周期的理论 …………… 12
　第六节　设备管理的新理念 ……………… 12
　思考题 ……………………………………… 14
第二章　设备的经济规划与投资预测 … 15
　第一节　设备的经济规划 ………………… 15
　　一、设备规划的重要性 …………………… 15
　　二、设备规划的主要内容 ………………… 15
　第二节　投资方案的经济评价 …………… 16
　　一、资金的时值 …………………………… 16
　　二、设备投资评价的依据 ………………… 18
　　三、设备投资规划应预估的内容 ………… 21
　　四、设备投资的经济评价方法 …………… 21
　第三节　设备合理使用期的估算 ………… 25
　　一、设备最佳使用年限的估算 …………… 26
　　二、目标利润与设备的合理使用期 ……… 28
　　三、迭代法在现代设备管理计算中的
　　　　应用 …………………………………… 29
　第四节　设备投资预测 …………………… 32
　　一、预测的必要性 ………………………… 32
　　二、数值的加权计算 ……………………… 32
　　三、盈亏平衡分析 ………………………… 33
　　四、敏感性分析 …………………………… 34
　　五、风险的概率分析 ……………………… 35
　第五节　规划的可行性研究 ……………… 36
　　一、可行性研究的阶段 …………………… 36
　　二、可行性报告书 ………………………… 36
　第六节　投资项目的呈报和审批 ………… 38
　　一、设备投资项目呈报的主要内容 ……… 38
　　二、设备投资预算外追加的限度和
　　　　审批 …………………………………… 39
　思考题 ……………………………………… 39
第三章　技术方案的规划和评价 ……… 40
　第一节　设备的功能分析 ………………… 40
　　一、设备的功能分类 ……………………… 40
　　二、生产产品与设备基本功能的关系 …… 41
　　三、功能余裕和功能冗余 ………………… 42

四、设备功能系统分析的方法……………44
　　五、功能的评价……………………………45
第二节　设备的结构系统分析………………45
　　一、从功能概念系统到结构实体系统的
　　　　可能性……………………………………45
　　二、设备结构系统与机械设备的技术
　　　　设计………………………………………46
　　三、最佳结构系统的评价标准……………46
第三节　设备的选型和购置…………………48
　　一、设备选型的一般考虑因素……………48
　　二、设备选型应与企业远景开发结合……49
　　三、自制设备要考虑的问题………………50
　　四、国外引进设备的注意事项……………50
思考题…………………………………………52

第四章　设备的安装和验收 …………53
第一节　生产布局与设备安装………………53
　　一、企业内部的生产布局…………………53
　　二、安装工期的时间结构…………………54
　　三、安装精度三要素………………………55
第二节　设备安装后的试运转及验收………55
　　一、空载试运转……………………………56
　　二、负载试运转……………………………56
　　三、设备安装验收…………………………56
第三节　设备试运转期的数据采集…………57
思考题…………………………………………58

第五章　设备的使用与维护 …………59
第一节　设备的使用…………………………59
　　一、合理地安排生产任务…………………59
　　二、配备合格的设备操作人员……………59
　　三、设备操作的基本功培训………………60
　　四、建立健全的设备使用管理规章
　　　　制度………………………………………60
　　五、为设备创造良好的工作环境…………61
第二节　设备的维护…………………………61
　　一、设备维护的四项规定要求……………61
　　二、设备维护的类别和内容………………61
　　三、设备维护的目标管理体系……………63
第三节　设备功能检查………………………65
第四节　设备的磨损与润滑管理……………66
　　一、摩擦与磨损的概念……………………66
　　二、润滑的基本知识………………………67

　　三、设备润滑的作用………………………67
　　四、运动副的润滑方式……………………68
　　五、润滑管理的基本要求…………………68
第五节　设备维护的技术经济指标…………68
第六节　设备维护中的备件管理……………68
　　一、备件管理的主要任务…………………69
　　二、备件管理的工作内容…………………69
思考题…………………………………………69

第六章　设备故障和诊断 ………………70
第一节　故障的概念…………………………70
　　一、故障的定义……………………………70
　　二、设备的可靠度与故障率………………71
　　三、设备的典型故障率曲线………………71
　　四、故障的分类……………………………72
第二节　故障的典型模式和原因……………73
　　一、机械设备中常见的故障模式…………73
　　二、故障产生的原因………………………74
第三节　故障分析与改进管理………………74
　　一、故障信息数据的收集和统计…………75
　　二、故障频数分析…………………………75
　　三、故障原因分析…………………………76
　　四、故障树分析的概念……………………76
第四节　诊断技术和状态监测………………77
　　一、设备故障诊断技术……………………77
　　二、设备状态监测…………………………78
　　三、监测和诊断的主要方法………………79
思考题…………………………………………84

第七章　设备的可靠性管理 …………85
第一节　系统可靠度计算公式………………85
　　一、串联系统的可靠度……………………85
　　二、并联系统的可靠度……………………86
　　三、混联系统的可靠度……………………86
第二节　平均寿命和常用的故障分布
　　　　函数…………………………………………87
　　一、平均寿命（θ）………………………87
　　二、几种常用的故障分布函数……………87
第三节　设备可靠性设计……………………90
　　一、可靠性设计的内容、原则和基本
　　　　程序………………………………………90
　　二、可靠性预测……………………………91
　　三、冗余性设计……………………………92

四、可靠度分配 …………………… 92
第四节　设备维修性 ………………… 92
一、维修性的特征量 ………………… 92
二、有效度 …………………………… 94
三、绿色维修的重要性 ……………… 94
思考题 ………………………………… 95

第八章　设备修理和零件修复技术 …… 96
第一节　设备维修的内容体系 ……… 96
第二节　机械设备的磨损及对策 …… 97
一、设备磨损的形式及度量 ………… 97
二、设备磨损的补偿方式与修理层次 … 99
三、设备维修计算和维修计划的编制 … 100
第三节　零件修复技术 ……………… 101
一、返修件的选择 …………………… 102
二、返修件的测绘和技术条件的确定 … 102
三、装配精度和补偿环的选择 ……… 103
四、几种广泛采用的修理新技术 …… 104
思考题 ………………………………… 106

第九章　设备的折旧、改造与更新 …… 107
第一节　折旧的理论、方法和政策 … 107
一、折旧问题的三要素 ……………… 107
二、折旧方法的计算 ………………… 109
三、折旧政策和设备折旧基金管理 … 111
第二节　设备的技术改造和更新 …… 111
一、设备技术改造的意义 …………… 111
二、设备技术改造的技术经济分析 … 112
三、设备技术改造的基本方向 ……… 112

四、设备更新 ………………………… 113
思考题 ………………………………… 114

第十章　设备信息管理和计算机应用 … 115
第一节　设备管理信息 ……………… 115
一、设备管理信息的来源 …………… 115
二、设备管理信息的分类 …………… 115
三、管理者与信息 …………………… 116
四、设备管理的指标体系 …………… 116
第二节　计算机在设备管理中的应用 … 118
思考题 ………………………………… 119

第十一章　企业非标设备的规划、设计和制造 … 120
第一节　非标设备的规划 …………… 121
第二节　非标设备的设计 …………… 121
第三节　非标设备的制造 …………… 122
一、现代制造业的特点 ……………… 122
二、先进制造技术 …………………… 123
三、结语 ……………………………… 126
思考题 ………………………………… 126

计算题 ………………………………… 127
附录 …………………………………… 129
　附录A　正态分布表 ………………… 129
　附录B　38种典型设备修理复杂系数表 ………………………… 131
参考文献 ……………………………… 133

第一章

设备管理总论

设备是现代企业进行生产活动的重要物质技术基础,它是企业固定资产中的重要组成部分。在现代化大生产中,科学技术是第一生产力,是推动经济发展的动力,现代设备的作用与影响日益突出。另外,随着科学技术的不断进步,企业对现代化设备的需求和依赖程度越来越高,人们不断用新的技术和新的成就改造传统的工业设备,从而能创造出更多的物质财富造福于人类。

科学技术的迅速发展,推动了传统设备的现代化进程,促使现代设备的技术含量越来越高。现代设备既是技术密集型的生产工具,也是资金密集型的社会财富,因而导致现代设备管理水平也随之得到进一步提高。

设备管理不仅直接影响到企业当前的生产经营状况,而且关系到企业的长远发展。企业要在激烈的市场竞争中求得生存和发展,就需要不断采用新技术,开发新产品。作为当代的企业家,必须摆正现代设备管理在企业中的地位,善于不断地提高设备质量及人员素质,充分发挥现代设备的效能,为企业创造出最佳的经济效益和社会效益。

现代设备管理涉及工程技术、投资经济、管理科学、计算机技术和网络通信技术等多门学科知识,目前已发展成为一门独立的综合性学科,将设备寿命周期全过程的管理作为研究的主要内容。

第一节 现代设备的特征

关于现代化设备,到目前为止,虽然还没有确切的定义和统一的说法,但它们大多具有以下几个方面的特征。

一、日益大型化或超小型化

在传统的工业部门,如冶金、矿产、造船、机械制造和纺织业中,设备的容量、功率、质量都明显地向大型化方向发展,以取得更大的生产能力。例如,4000m^3高炉已实现了国产化;宝钢集团有限公司与中国第二重型机械集团公司合作开发的5000mm宽厚板轧机达到了世界先进水平；年产600万t的煤炭综采超重型成套设备，55万m^3电铲设备；超重型卧式车床，可加工长4m、重500t的工件，中国第一重型机械集团公司自主设计制造的世界上吨位最大、具有现代控制技术的1.5万t自由锻造水压机研制成功；重型地毯织机，门幅可达5m以上。2002年，上海90万t乙烯工程开始启动。在我国，极大制造的最新成果已初见端倪，由北方重工集团投资的项目，中国第二重型机械集团公司的8万t大型模锻压机，已成为目前世界上最大的模锻压机。

交通运输业的发展，推动了运输设备的大型化。例如，30万t级超大型油轮，30万t大型海上浮式生产储油轮，8000标箱级集装箱运输船。空中客车A340-600型客机全长74.8m，可载客380人，航程可达13900km。2005年4月27日，历史上最巨大的飞机——空中客车A380客机成功地完成了首次试航，开启了人类航空新时代。双层的空客A380设计载客量为555人，其最大载客量能达到840人，机翼上的空间足够停放几十辆小轿车，最大起飞重量可达560t。这些惊人的数字使任何其他客机在这个庞然大物面前都显得相形见绌。A380试飞成功，是欧洲工业合作的美妙产物。

2012年5月，我国首座自己设计制造的深水钻井平台"海洋石油981号"在南海开钻，标志着我国海洋石油工业的深水战略迈出实质性一步。正在设计中的波音797喷气客机的最大特点是机体和机翼混为一体，与波音787客机相比增加了载客数量，机身重量减轻25%，燃油效率提高33%。目前最大客机A380机翼78.86m（262英尺），载客555人。而波音797机翼80.77m（265英尺），基本一样长，完全适用于A380起降的机场，但载客量可达到1000人。

现代通信设备的容量和通信速度发展更快，通信卫星和通信网络的出现，以及全球通移动电话的广泛使用，使地球上人们之间的距离越来越近了。

由于新材料和新技术的不断应用，微型化、轻量化的设备也得到了迅速发展。采用大规模集成电路的微型计算机遍及世界各地，不仅企业和部门拥有它，也进入了寻常百姓家庭。纳米技术的发展，推动了设备的微型化进程。高科技生物工程的发展，使DNA超微型计算机的问世成为可能。

二、运行高速化

为了减少单位容量的设备体积和提高工效，设备运行的高速化已成为许多机械产品的重要发展趋势。例如，现代铝箔轧机，20世纪70年代时为1500m/min，80年代后已发展达到1800~2000m/min。传统有梭织机的机速只能达到400r/min，而剑杆织机目前可达450~600r/min，喷气织机的机速竟达800~1000r/min。2003年底在国际纺织工业展览会上，喷气织机的机速已开到1900r/min。

据2003年3月14日报道，我国百万亿数据处理器——曙光4000L，有644个CPU，每秒3万亿次峰值速度。据2004年11月16日报道，在上海开通了每秒10万亿次运算的曙光4000A系统，实现了我国高性能计算机研发与应用双跨越，使我国成为世界上第三个能制造每秒10万亿次运算高性能计算机的国家，并将上海信息化建设推上了新台阶。曙光5000系列高性能计算机运算速度已达到100万亿次，神威系列超级计算机运算速度达到200万亿次。曙光6000超级计算机运算速度已达到千万亿次。

2010年，"天河一号"计算机奋发图强，采用最新国产的CPU（中央处理器）、自主创新的互联系统和自己研发的一系列增强软件，使计算速度达到每秒4700万亿次，令人叹为观止。目前，该计算机已开始在石油勘探、金融风险分析等领域发挥作用。

为了节省客人的时间，一家有二三十层客房的星级宾馆，电梯厅有六部电梯同时运行，从客人按下按钮开始，不会超过2min，准有一部电梯到达客人的层面。

另据2010年12月3日报道，京沪高铁在枣庄至蚌埠间的联调联试和综合试验中，国产"和谐号"CRH380A新一代高速动车组最高时速达到486.1km，中国高铁刷新了世界铁路运营试验最高速度。

通信技术和计算机技术的迅猛发展，不仅使传统的工业设备运行高速化，而且使人们的日常生活更加丰富多彩。例如，智能手机，既可打电话，又可轻松上网。

据新华社2013年11月18日报道，国际TOP500组织18日公布了最新全球超级计算机500强排行榜榜单，中国国防科技大学研制的"天河二号"以比第二名美国的"泰坦"快近一倍的速度再度轻松登上榜首。超级计算机是国家科研的重要基础工具，在地质、气象、石油勘探等领域的研究中发挥关键作用，也是汽车、航空、化工、制药等行业的重要科研工具。

三、功能高级化

功能高级化既是现代设备的重要标志之一，又是设备现代化的努力目标，世界各国对此都很重视。

由于微电子技术和数控技术的不断发展和应用，现代设备的功能越来越强，性能越来越好，特别是机电设备采用计算机控制技术之后，设备功能更加完善，设备精度进一步提高。如今数控设备层出不穷，加工中心屡见不鲜。五轴联动的加工中心，过去只能在军工企业或大型设备制造厂里才能看到，现在我们国内也能自己生产。甚至九轴联动的数控系统，国内也已经研制出来。现在世界上高性能的汽车、飞机等设备越来越多，而且各项功能也更加完善。

21世纪是信息化、网络化、全球化、知识化时代，时代呼唤人们制造出更多更好的符合生态环境要求的现代化设备。高性能现代化设备的应用将进一步改变人类的生产方式、生活方式，同时也改变了社会组织结构与管理方式，进一步促进经济全球化进程。正是由于卫星通信技术、信息技术和网络技术的高速发展和广泛应用，可以不受时间和地点的限制，用手机即可买卖股票，推动了全球虚拟经济的蓬勃发展。知识创新、技术创新和创新人才将成为推动经济结构调整、经济增长方式转变、和谐文明、生态环境保护与修复的主要力量。

四、自动化和复杂化

现代设备用于生产过程的连续化和自动化控制程度越来越高，并由此导致了设备系统的复杂化。例如，在冶金、石油化工系统，采用计算机进行生产过程全自动控制较为普遍。宝钢集团有限公司一期工程就是通过16台计算机和449台微处理机实现生产自动化的多层控制，金山石化涤纶二厂用自动化仪器仪表控制长丝生产的全过程，这是两个很好的实例。还有，在一些劳动强度大或危险性大的生产设备上，采用机器人来进行生产操作，工作人员只需在中央控制室用计算机控制整个生产过程。

随着新材料、新工艺、新技术的不断涌现，以及卫星通信、无线网络技术和航天科技的快速发展，智能机器人、无人驾驶汽车、无人机正遇到大力发展的好时机，我国的长征系列火箭技术日臻完善，航天设备的自动化和复杂化程度得到进一步提高。这些无人操控设备，在运行时还涉及设备的安全性和可靠性问题，要做到万无一失，这对于机械装置和电子控制系统是一个很大的挑战。

2016年10月19日，我国"神舟十一号"载人飞船与"天宫二号"实验室成功对接，两名航天员进入"天宫二号"实验室进行驻轨33天的航行和空间多项实验，这标志着我国航天技术，已经进入世界先进水平行列。

由于卫星导航技术系统的测控精度正在不断提高，使用小型无人机担当特快专递员的角色已成为可能。

2017年4月20日，我国第一艘货运飞船"天舟一号"在海南文昌发射升空，为"天宫二号"输送能源，将与"天宫二号"完成3次交会对接，进行3次天空试验，然后返回地球。"天舟一号"的载货比达到48%，这一指标为世界领先水平，为建立我国空间站奠定了基础。

五、节能降耗和环保

生产出来的设备产品是否满足节能降耗和环保的要求，是评价设备现代化的重要指标之一。世界各国为节约资源、减少温室气体的排放、控制全球气候变暖、保护绿色地球，正在做出不懈的努力。在我国，现代装备制造业方面，采用先进的制造技术，取得了长足的进步。例如，使用现代成形技术，提高原材料的利用率。使用绿色制造技术，减少对环境的污染。使用材料再生产技术，达到节省资源和经济可持续发展的目的。据2007年7月9日报道，首架波音787"梦想"飞机在美国西雅图下线，载客可达330人，飞机上50%的主要结构采用碳纤维合成材料，使飞机更加轻盈坚固，可节省20%的燃料，使释放的温室气体更少。节能达到20%又有利于环保，这是一项了不起的成果。

另据2016年6月20日报道，我国"神威-太湖之光"超级计算机，运算速度达到每秒钟10亿亿次以上，其能耗为"天河二号"的1/3，在德国举行的计算机TOP500中夺冠。我国超级计算机除了惊人的运算速度之外，在现代设备的节能降耗方面做出了巨大贡献。

现代设备的环保问题已引起全球人们的极大关注，世界上三次核事故给人们的教训是相当深刻的。1979年3月28日，美国三哩岛核电站由于设备故障和人为疏失造成核突发事件，事故造成核电站2号堆芯熔化，经济损失达10亿美元。1986年4月26日，苏联切尔诺贝利核电站爆炸，造成周边320万人遭受核辐射污染。2011年3月11日，日本东北部海域9.0级地震，接着海啸，使福岛第一核电站在几天内连续发生机组爆炸，导致严重核泄漏事故，对周边地区环境的核污染相当厉害。

使现代化的设备造福于人类，而不发生周边环境的污染，这是设备管理人员一直需要探索的课题。

现代科学技术的广泛应用，加速了设备现代化的进程，从而创造出更多的物质财富，取得了很好的经济效益和社会效益。但是，设备越精密越复杂，出现故障的环节与机会也就越多，进行故障诊断和分析的难度也越大。设备发生故障以后，使其恢复到原有性能指标所要求的技术和条件也越苛刻。因此，企业的自动化生产水平越高，需要的设备维修工程师越多，以及需要的设备管理水平和设备维修技术也越高，这势必推动现代设备管理科学的与时俱进。

第二节　设备管理的发展过程

自从人类使用机械以来，就伴随有设备的管理工作，只是由于当时的设备简单，管理工作单纯，仅凭操作者个人的经验行事。随着工业生产的发展，设备现代化水平的提高，设备在现代大生产中的作用与影响日益扩大，加上管理科学技术的进步，设备管理也得到了相应的重视和发展，以至逐步形成一门独立的学科——设备管理。现观其发展过程，大致可以分为四个阶段。

一、事后维修阶段

资本主义工业生产刚开始时，由于设备简单，修理方便，耗时少，一般都是在设备使用到出现故障时才进行修理，这就是事后维修制度，此时设备修理由设备操作人员承担。

后来随着工业生产的发展，结构复杂的设备大量投入使用，设备修理难度不断增大，技术要求也越来越高，专业性越来越强。于是，企业主、资本家便从操作人员中分离一部分人员专门从事设备修理工作。为了便于管理和提高工效，他们把这部分人员统一组织起来，建立相应的设备维修机构，并制订适应当时生产需要的最基本管理制度。在西方工业发达国家，这种制度一直持续到20世纪30年代，而在我国，则延续到20世纪40年代末期。

二、设备预防维修管理阶段

由于像飞机那样高度复杂机器的出现，以及社会化大生产的诞生，机器设备的完好程度对生产的影响越来越大，任何一台主要设备或一个主要生产环节出了问题，都会影响生产的全局，造成重大的经济损失。

1925年前后，美国首先提出了预防维修的概念，对影响设备正常运行的故障，采取"预防为主""防患于未然"的措施，以降低停工损失费用和维修费用。主要做法是定期检查设备，对设备进行预防性维修，在故障尚处于萌芽状态时加以控制或采取预防措施，以避免突发事故。

苏联是20世纪30年代末期开始推行设备预防维修制度，苏联的计划预防制度除了对设备进行定期检查和计划修理外，还强调设备的日常维修。

预防维修比事后修理有明显的优越性，预先制订检修计划，对生产计划的冲击小，采取预防为主的维修措施，可减少设备恶性事故的发生和停工损失，延长设备的使用寿命，提高设备的完好率，有利于保证产品的产量和质量。

20世纪50年代初期我国引进计划预修制度，对于建立我国自己的设备管理体制、促进生产发展起到了积极的作用。经过多年实践，在"以我为主，博采众长"精神的指导下，对引进的计划预修制度进行了研究和改进，创造出具有我国特色的计划预修制度。其主要特点是：

(1) **计划预修与事后修理相结合** 对生产中所处地位比较重要的设备实行计划预修，而对一般设备实行事后修理或按设备使用状况进行修理。

(2) **合理确定修理周期** 设备的检修周期不是根据理想磨损情况，而是根据各主要设备的具体情况来定。例如，按设备的设计水平、制造和安装质量、役龄和使用条件、使用强度等情况确定其修理周期，使修理周期和结构更符合实际情况，更加合理。

(3) **正确采用项目修理** 通常设备有保养、小修、中修和大修几个环节，但我国不少企业采用项目修理代替设备中修，或者采用几次项目修理代替设备大修，使修理作业量更均衡，节省了修理工时。

(4) **修理与改造相结合** 我国多数企业往往结合设备修理对原设备进行局部改进或改装，使大修与设备改造结合起来，延长了设备的使用寿命。

(5) **强调设备保养维护与检修结合** 这是我国设备预防维修制的最大特色之一。设备保养与设备检修一样重要，若能及时发现和处理设备在运行中出现的异常，就能保证设备正常运行，减轻和延缓设备的磨损，可延长设备的物质寿命。

20世纪60年代，我国许多先进企业在总结实行多年计划预修制的基础上，吸收三级保养的优点，创立了一种新的设备维修管理制度——计划保修制。其主要特点是：根据设备的结构特点和使用情况的不同，定时或定运行里程对设备进行规格不同的保养，并以此为基础制订设备的维修周期。这种制度突出了维护保养在设备管理与维修工作中的地位，打破了操作人员和维护人员之间分工的绝对化界限，有利于充分调动操作人员管好设备的积极性，使设备管理工作建立在广泛的群众基础之上。

三、设备系统管理阶段

随着科学技术的发展，尤其是宇宙开发技术的兴起，以及系统理论的普遍应用，1954年美国通用电气公司提出了"生产维修"的概念，强调要系统地管理设备，对关键设备采取重点维护政策，以提高企业的综合经济效益。其主要内容有：

1) 对维修费用低的寿命型故障，且零部件易于更换的，采用定期更换策略。

2) 对维修费用高的偶发性故障，且零部件更换困难的，运用状态监测方法，根据实际需要，随时维修。

3) 对维修费用十分昂贵的零部件，应考虑无维修设计，消除故障根源，避免发生故障。

20世纪60年代末期，美国企业界又提出设备管理"后勤学"的观点，它是从制造厂作为设备用户后勤支持的要求出发，强调对设备的系统管理。设备在设计阶段就必须考虑其可靠性、维修性及其必要的后勤支持方案。设备出厂后，要在图样资料、技术参数、检测手段、备件供应以及人员培训方面为用户提供良好的、周到的服务，以使用户达到设备寿命周期费用最经济的目标。

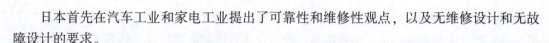

日本首先在汽车工业和家电工业提出了可靠性和维修性观点，以及无维修设计和无故障设计的要求。

至此，设备管理已从传统的维修管理转为重视先天设计和制造的系统管理，设备管理进入了一个新的阶段。

四、设备综合管理阶段

体现设备综合管理思想的两个典型代表是"设备综合工程学"和"全员生产维修制"。

由英国1971年提出的"设备综合工程学"，是以设备寿命周期费用最经济为设备管理目标。对设备进行综合管理，紧紧围绕四方面内容展开工作：

1）以工业管理工程、运筹学、质量管理、价值工程等一系列工程技术方法，管好、用好、修好、经营好机器设备。对同等技术的设备，认真进行价格、运转、维修费用、折旧、经济寿命等方面的计算和比较，把好经济效益关。建立和健全合理的管理体制，充分发挥人员、机器和备件的效益。

2）研究设备的可靠性与维修性。无论是新设备设计，还是老设备改造，都必须重视设备的可靠性和维修性问题，因为提高可靠性和维修性可减少故障和维修作业时间，达到提高设备有效利用率的目的。

3）以设备的一生为研究和管理对象。即运用系统工程的观点，把设备规划、设计、制造、安装、调试、使用、维修、改造、折旧和报废一生的全过程作为研究和管理对象。

4）促进设备工作循环过程的信息反馈。设备使用部门要把有关设备的运行记录和长期经验积累所发现的缺陷，提供给维修部门和设备制造厂家，以便他们综合掌握设备的技术状况，进行必要的改造或在新设备设计时进行改进。

20世纪70年代初期，日本推行的"全员生产维修制"是一种全效率、全系统和全员参加的设备管理和维修制度。它以设备的综合效率最高为目标，要求在生产维修过程中，自始至终做到优质高产低成本，按时交货，安全生产无公害，操作人员精神饱满。

"全系统"是对设备寿命周期实行全过程管理，从设计阶段起就要对设备的维修方法和手段予以认真考虑，既抓设备前期阶段的先天不足，又抓使用维修和改造阶段的故障分析，达到排除故障的目的。

"全员参加"是指上至企业最高领导，下到每位操作人员都参加生产维修活动。

在设备综合管理阶段，设备维修的方针是：建立以操作工点检为基础的设备维修制；实行重点设备专门管理，避免过剩维修；定期检测设备的精度指标；注意维修记录和资料的统计及分析。

综合管理是设备管理现代化的重要标志。随着经济体制改革的不断深入和科学技术的进步，我国设备管理工作受到党和政府各级部门以及工矿企业的高度重视，奋起直追，并正朝现代化的方向发展。其主要表现有：

1）设备管理由低水平向制度化、标准化、系列化和程序化发展。1987年国务院正式颁布了《全民所有制工业交通企业设备管理条例》（以下简称《设备管理条例》），使设备管理达到"四化"有了方向和依据。《设备管理条例》是适应我国四化建设和企业管现代化的要求，把现代设备管理的理论和方法与我国具体实践相结合的产物。它既借鉴了国外的先进理论和实践，又总结和提高了我国设备管理的成功经验，体现了"以我为主，博采众长"的中国特色。

2）由设备定期大小修、按期按时检修，向预知检修、按需检修发展。《设备管理条例》提出"企业设备管理应当依靠技术进步、促进生产发展和以预防为主"的方针。为此，状态监测技术、网络技术、计算机辅助管理在许多企业得到了应用。

3）由不讲究经济效益的纯维修型管理，向修、管、用并重，追求设备一生最佳效益的综合型管理发展。实行设备目标管理，重视设备可靠性、维修性研究，加强设备投产前的前期管理和使用中的信息反馈，努力提高设备折旧、改造和更新的决策水平以及设备的综合经济效益。

4）由单一固定型维修方式，向多种维修方式、集中检修和联合检修发展。设备维修从企业内部走向了社会，从封闭式走向开放式、联合式，这是设备管理现代化的一个必然趋势。

5）由单纯行政管理向运用经济手段管理发展。随着经济承包责任制的推广，运用经济杠杆代替单靠行政命令，按章办事的设备管理方法正在大多数企业推行。

6）维修技术向新工艺、新材料、新工具和新技术发展。例如，热喷涂、喷焊、堆焊、电刷镀、化学堵漏技术、废渣废水利用新工艺，以及防腐蚀、耐磨蚀新材料，得到了广泛应用。

新的《中华人民共和国设备管理条例》（征求意见稿）已经公布，新条例将进一步适应我国市场经济的蓬勃发展，明确企业设备管理的重点和努力方向。新条例的贯彻推行，必将促进我国现代设备管理水平的不断提高，让现代化的设备产生更为显著的经济效益和社会效益，从而推动我国国民经济的稳步发展。

第三节　设备管理的意义

设备管理是企业生产经营管理的基础工作，几乎涉及企业生产经营的各个方面，归结起来，它对企业的影响或在工业生产中的效益，有以下几个方面的意义。

一、关系到产品的产量和质量

从狭义上讲，设备管理就是要使设备经常处于良好的技术状态，保持正常的生产秩序与节奏，确保生产达到预定的产量、质量指标。如果任何一台现代生产设备在合理使用、维护保养、计划检修、定期检查和安全运行等任何一个管理环节上做得不当，就会打乱正常的生产节奏，影响到产量或质量指标的完成。

产品质量是企业的生命，产品是通过机器设备生产出来的，如果生产设备技术状态不良，特别是对一些投资和运转费用十分昂贵的大型、自动、连续型生产设备，不论是主机，还是其中某一子系统，在运行中出现任何结构、性能等方面不完好状态，就会影响整个企业的生产计划，或者导致产品质量的降低，或者达不到额定生产率，严重时还会造成重大的事故。

二、关系到产品的成本

设备管理对产品成本的影响，除了上述的产量和质量因素外，还有设备的维修、动力、燃料和润滑油脂消耗等费用。

加强维护保养，能有效地延长设备的使用寿命和检修周期，节省维修费用。但过分维修，则会增加维修成本。如何合理地确定检修周期，对于不同种类的设备，有不同的确定原则。

三、关系到安全生产和环境保护

工业生产中意外的设备人身事故，不仅扰乱了企业的生产秩序，同时也使国家和企业遭受重大的经济损失，因而在实际生产中怎样更加有效地预防设备事故、保证安全生产、减少人身伤亡，已成为现代设备管理的一大课题。

环境污染在一定程度上也是由于生产设备落后、设备管理不善造成的。加强设备安全管理，及时淘汰落后设备，采用技术先进的设备进行生产，以防止设备事故污染周边环境。

四、关系到企业生产资金的合理利用

随着设备在工业生产中的地位和作用日益突出，以及现代化设备的不断发展和普遍采用，设备所占的资金在固定资产中的比例越来越高，一般达60%～70%左右。用于备品备件和二类机电储备的资金，通常占企业全部流动资金的15%～20%。这两项资金加在一起就约占企业全部生产资金的60%以上，显然要提高企业的经济效益，就要想方设法提高资金的合理利用程度，为此，设备管理的科学化无疑将是个关键。如果说得更具体一点，那就是取决于如下一系列的设备经济管理环节是否达到了最佳水平。例如，设备投资回收期是否最优、选型是否合理、设备完好率是否理想，以及设备装备是否适应、备件储存量是否合理、管理制度是否科学等。

过去的几年里，我国的设备管理和维修工作取得了不小的进步，出现了可喜的变化。但是，与国际水平和国内经济发展形势相比，还相差较远，它仍然是当前工交生产和企业管理中的一个薄弱环节。其主要表现在以下几个方面：

1）企业设备陈旧落后的情况相当严重。设备更新速度十分缓慢，设备带病运转和失修的情况还较普遍，是设备问题拖了企业的后腿。

2）对生产与维修的辩证关系认识不足。重生产轻维修，重使用轻管理，放松基础工作的倾向仍然存在，使得设备检修质量下降，直接影响了安全生产和产品质量的提高。

3）片面地追求产值、速度和利润指标，挤掉正常生产维修和设备大修计划，设备失修和拼设备的短期行为还是存在。

4）设备管理措施不落实，设备管理专业人员不足。对新设备、新技术的操作人员、维修人员的技术培训工作又做得不够。

5）对设备一生管理的认识存在差距，缺少必要的手段和条件，因而还处在设备前、后半期分段管理的局面。

此外，设备管理的经济潜力很大，目前，我国设备年维修费用高达300多亿元，占设备原值的7%~9%。若使我国的设备管理水平达到目前发达国家的水平，使年维修费用降至占设备原值的4%~6%的话，则每年可节省100多亿元。

重视设备管理，加强设备管理，提高设备管理水平，是当前深化经济改革的需要，也是设备管理部门和设备管理工程人员的一项迫切任务。我们一定要以国务院颁布的有关设备管理条例为指针，努力完成历史赋予我们的使命。

第四节 设备现代化管理的内容

运用现代化的理论和方法对设备实行综合管理，是我国设备管理现代化的必由之路。所谓综合管理就是以提高设备综合效率和实现寿命周期费用最佳化为目标，进行设备一生管理。

一、设备的综合效率

设备的综合效率，是指设备完好率、主要设备可开动率、主要设备大修理实现率、主要设备利用率、主要设备有效利用率、设备维修费用率和库存各种资金周转期七项技术经济指标的综合指标，只有综合指标才能反映设备的管理水平。

提高设备综合效率，就是要充分利用和发挥企业现有设备的潜力，为发展生产和搞好建设，以及为增加社会财富服务。其具体措施如下：

1）应用现代化技术开展技术革新，对老旧设备进行改造与更新，改善和提高设备素质，增强设备效能，提高劳动生产率。
2）在保证质量的前提下，缩短检修工期，减少停机损失，降低检修成本。
3）物尽其用，积极清理并调剂、利用闲置设备。
4）采用新工艺积极开展旧件修复。
5）大搞综合利用，节约资金支出。

二、设备的一生管理

设备的一生管理，是指设备从规划、设计、制造，到使用、修理、改造的全过程管理。设备的全过程管理必须以设备寿命周期费用最佳为目标，这是有别于只管理维修一段的传统设备管理的主要标志。

当前设备一生管理要注意五个方面的结合：

1. 制造与使用相结合

做好制造与使用相结合，必须抓好产品的质量、品种、成套和服务等基本环节。质量是产品的生命，制造厂要力求做到产品可靠、耐用、高效、经济，以及好用、好修和美观。品种是成套的基础，成套是形成生产能力的手段。服务是使用和制造之间的桥梁。出厂产品应实行三包：包用、包修和包换。

制造厂要做好产品推荐、按时交货、技术服务、人员培训和现场指导工作；用户要配合制造厂做好设备改进、品种扩展和质量提高工作，积极提供设备使用和维修中的信息，沟通制造和使用之间的关系。

2. 修理与改造、更新相结合

目前，我国大部分国有企业设备的老化程度都比较严重，许多设备的精度、性能已满足不了产品更新换代和技术开发的需要。但由于国家财力和技术力量的限制，目前我们还无法以一大批技术先进、性能优越的设备来替换现有设备。

根据我们的国情，我国的设备管理必须走修理与改造、更新相结合的道路。能改造的尽量改造，该报废的就报废，需要更新的就更新，总之要合理地使用好固定资产折旧资金和大修资金。

3. 群众管理与专业技术队伍管理相结合

让操作人员参与设备管理是设备现代化管理的一个重要方面。我们要从长期以来行之有效的群众参与设备管理的实践中挖掘和整理出符合我国特色的设备管理方法和理论。在加强群众管理的同时，根据企业生产规模的大小，设备拥有量的多少，设备技术的复杂程度，以及设备管理工作的实际需要，配备适当懂技术、懂经济、年富力强的工程师、技师和技术员作为专职设备管理人员，使企业设备管理的组织机构和人员能适应企业生产的发展，并不断提高他们的素质才能，保证设备检修的质量和生产效益。

国外社会性的专业维修队伍早已形成，并使维修效率和质量空前提高，这是我们可以借鉴的宝贵经验。在有条件的中心工业城市，完全有可能、有必要建立一支专业化的社会维修队伍，这是提高设备管理社会经济效益的有效途径。例如，上海就有一家社会性的专业维修队伍——上海市引进设备维修中心。

4. 技术管理与经济管理相结合

传统的设备管理只着重于它的物质形态，即技术方面，而不太注重经济效果。设备综合管理强调以设备寿命周期费用最佳为目标，要求以经济观点指导技术管理，即购置设备、设备修理必须进行经济核算，加速处理闲置设备，紧紧围绕设备的技术经济综合指标抓设备管理和对设备的寿命周期费用进行研究和分析。因此，实行技术管理与经济管理相结合是设备现代化管理的一个重要特征。

5. 日常维护与计划检修相结合

日常维护极为重要，设备维护工作搞好了，可以延长设备的检修周期和使用寿命。尤其要注重设备的润滑和防腐工作，特别是一些有色金属企业，生产工艺流程长，连续性强，工作环境恶劣；矿山设备工作环境更加糟糕，要么在阴潮、多尘的地下工作，要么在日晒雨淋的露天中作业，这些设备在使用过程中还会产生粉尘、噪声或有害物质而污染环境，危害人身安全与健康；化工厂设备大多是在高温、高压、高真空、强腐蚀的条件下工作，或者是在多烟、多尘、易燃易爆的环境中工作，不仅腐蚀和磨损快，而且还会因管理不周而引起爆炸、火灾和毒气污染等恶性事故。因此，加强设备的日常维护保养、安全和污染防护工作十分重要，走维护与检修相结合的道路，以保证安全生产和降低设备的维修费用。

设备的寿命周期费用（Live Circle Cost，LCC）是一项综合性的货币形态价值预测指标，它给出了设备一生中全部投入的价值量，是企业经营管理的基础资料之一。一个优秀的设备管理人员，必须具备工程技术、财务经济和生产组织三个方面的丰富知识，才能通盘把握设备一生的各个阶段，了解各阶段对管理工作提出的问题，找到管理工作的目标和方法。

第五节　设备寿命周期的理论

现代设备是根据企业的生产经营方针，从设备的调查研究入手，对企业中主要生产设备的设计、制造、选购、安装、使用、维修、改造、更新和报废的全过程，相对应地进行一系列的技术、经济和组织活动。现代设备管理是企业管理现代化中不可缺少的组成部分。现代设备管理，强调设备寿命周期一生的管理，追求企业的最佳效益。随着科学技术的发展，设备管理的现代化水平也在不断提高。现代设备管理已成为多学科的交叉学科，包括运筹学、系统科学、综合工程学、行为科学、可靠性工程、管理科学、技术经济学、人机工程学等。

设备寿命周期理论是根据系统论、控制论和决策论的基本原理，结合企业的经营方针、目标和任务，分析和研究设备寿命周期三个方面的理论。

1. 设备寿命周期的技术理论

依靠技术进步，加强设备的技术载体作用，研究寿命周期的设备设计方法和水平、先进制造技术、设备故障特性和维修特性，提高设备有效利用率，采用适用的新技术和诊断修复技术，从而改进设备的可靠性和维修性，延长设备的技术寿命。

2. 设备寿命周期的经济理论

研究设备磨损的经济规律，掌握设备的技术寿命和经济寿命，对设备的规划、投资、合理使用、修理和更新改造进行技术经济分析，力争投入少、产出多、效益高，从而达到寿命周期费用最经济和提高设备综合效率的目标。

3. 设备寿命周期的管理理论

采用现代管理方式，强调设备一生的管理和控制。由于设备设计、制造和使用各阶段的责任者和所有者往往不是单一的，故其经营管理策略和利益会有很大区别。因此，需要研究和控制设计、制造和使用这三者相结合的动态管理，建立相应的模型进行模拟，并实现适时的信息反馈，从而实现设备系统全面的综合管理，不断提高设备管理的现代化水平。

第六节　设备管理的新理念

设备管理现代化是为了适应现代科学技术和生产力发展水平，遵循市场经济发展的客观规律，应用现代科学技术的理论、方法和手段，系统地、综合地进行设备管理，充分发挥设备的综合效能，适应现代化生产的需要，从而创造出最佳的设备投资效益。

设备管理现代化是设备管理的综合发展趋势，是一个不断发展的动态过程，它的内容体系随科技的进步而不断更新和发展。设备现代化管理思想包括设备综合管理理念、产品市场观念、投资效益观念、市场竞争观念、设备与人员安全和环境保护观念等内容。

以李葆文教授为核心的学府专家团队，于1998年提出了更适应中国这样发展中国家企业特点的"全面规范化生产维护"管理模式，即中国自己的人机系统管理体系——全面规范化生产维护（Total Normalized Productive Maintenance，TnPM）。TnPM是以设备综合效率和完全有效生产率为目标，以设备检查、系统预防维修解决方案为载体，以员工的行为规范化作为过程，全体人员参与为基础的生产和设备维护、保养的维修体制。设备系统往往因为一个十分微小的问题，而酿成整个系统的大祸，故TnPM主张将规范渗透到"毛细血管"，将精确传递到"神经末梢"。

以往的设备管理是针对传统用于批量生产的设备，这些设备可服务于大批量生产，也可服务于中、小批量生产，这类设备的技术含量和复杂程度相对来说不是很高，因此，设备管理起来也相对要容易些。

但是，明天的制造业，那是一个一个的智能工厂（Smart Factory），智能化与自动化的最大区别在于知识的含金量。智能制造是基于科学而非仅凭经验的制造，科学知识是智能化的基础。智能制造既包含物质的处理过程，也包含非物质的处理过程，不仅具有完善和快捷响应的物料供应链，还需要有强有力的知识供应链，源源不断地提供高素质人才和工业发展需要的创新成果，开发出高附加值的新产品，构建互联网合作平台，促进产业不断转型升级。

《中国制造2025》中提出的智能制造，是面向产品全生命周期实现泛在感知条件下的数字化制造。智能制造技术涉及现代传感技术、网络技术、自动化技术和人工智能信息处理技术，实现产品设计过程、制造过程、企业管理和服务的智能化。

智能制造技术中的3D打印技术，无疑是一项颠覆性的制造技术。近几年来，3D打印技术已经吸引了越来越多人们的关注。3D打印设备不仅可以如同打印机那样在纸上打印出文字和图形，也可以打印出三维立体产品，大的打印设备可替代建筑机械打印出高楼或别墅，小的打印设备可以打印出人体替代器官，当然，不同的打印设备所使用的打印材料和使用环境条件肯定是不会相同的。

针对智能工厂的高技术含量和复杂程度很高的设备，将对设备管理人员和设备操作人员的知识要求相应提高，设备管理的理念必然要更新，设备管理人员要从设备规划、产品适应性、设备性能比较、生产成本核算、采购、使用、后期服务等方面，多多加以分析研究。由于这类设备性能优良但价格昂贵，对于操作人员的工作责任心肯定会提出相当高的要求。还有，智能工厂今后接的用户订单，往往是以批量很小、品种多、个性化要求强的产品为主，所以相同型号的设备不可能采购很多台，这就涉及使用期内设备使用维护、设备备件的采购供应、设备使用成本与生产产品的性价比等诸多问题。如何让设备运行达到最佳状态，使现代化设备创造出最大的经济效益，这就不得不要求设备管理人员不断地学习进取，拓宽新技术知识领域，制订出与智能制造设备管理相适应的设备管理制度，努力提高设备管理的现代化水平，去满足智能工厂现代化设备提出的设备管理要求。

要想提高设备管理的现代化水平，必须大力开发设备管理软件技术，可以在以下几个方面开展工作：

1）实施设备信息化管理，建立设备状态监测数据平台。
2）不断开发设备管理软件，全面获取设备状态信息数据。
3）管理信息化系统和自动化系统实现数据交换。

4)设备管理软件为优化检修提供技术支撑。

5)不断开发应用设备维修智能决策信息系统技术。

6)对主要设备状态进行自动监测、智能报警及精密故障诊断,实现设备最优化运行。

思考题

1-1 现代设备的特征是什么?

1-2 设备管理的发展过程分哪几个阶段?

1-3 具有我国特色的计划预修制度的主要特点有哪几个方面?

1-4 设备管理的意义是什么?

1-5 设备的综合效率是指什么?

1-6 设备一生管理要注意哪几个方面的结合?

1-7 设备寿命周期理论的内容是什么?

1-8 设备管理的理念为什么要更新?

第二章

设备的经济规划与投资预测

第一节 设备的经济规划

设备规划是设备整个寿命周期过程中的初始阶段。在这一阶段中，企业决策者应从两方面选择所需的设备方案：一是设备实物形态的性能和结构方案，或称技术方案；二是设备固定资金运动形态的投资方案，或称经济方案，并使两方面相互协调。方案的选择是为了使设备系统更好地适应于它的环境——企业系统。

一、设备规划的重要性

新建一个企业，必须做设备规划，这点很容易理解。但是，企业在运行的过程中也要做设备规划，却常常被人们所忽视。随着时间的变化，企业中各分系统的状态都有可能改变。例如，人员可能变动，操作和管理水平可能提高也可能降低；物质条件也可能变化，会出现原材料、工具、备件、环境设施与设备功能的不协调；可能发生资金短缺、财务紊乱和市场干扰等情况；还可能需要产品改型或者全部转产，改变材料、工艺、产品性能和结构等。这些都是在企业新建初期难以预料或不可能预料到的。再例如，由于市场经济的激烈竞争，许多企业为了求得生存和发展，不得不放弃市场滞销产品的生产，而投入具有市场竞争力产品的生产，这样对它的设备系统就必须做相应的调整和改造，甚至可能要完全更新。所以说，设备规划是企业经济管理的一项经常性的工作，仅在一个生产循环中可以认为它是初始阶段，而在整个不断反复循环的再生产过程中，设备规划是贯穿于企业管理始终的。

随着科学技术的发展，企业为了追求更大的效益，生产规模越来越大，所用的设备日趋大型、精密、复杂，固定资产所占的比重日益增大，设备的使用维修费用在产品成本中占了很大份额。因此，设备规划就成了企业技术上至关重要的大事。

二、设备规划的主要内容

设备规划主要包括企业新增设备规划和企业现有设备的更新改造规划两大部分。

对于设备规划来说，起决定性作用的因素是企业的目标：在多长的时间内，以多大的规模，用什么工艺过程，生产什么样的产品，获取多少利润。简单来说，就是产品的生产目标和企业的利润目标。这里既包括了它们的绝对量（产量、产值、利润等），也包括了它们的相对量（生产率、资金利润率等），并以此为依据去决定设备的技术方案（工艺方法、设备种类、型号、数量、可靠性、维修方式、改造和更新方案等），以及设备的经济方案（投资、折旧、经济寿命、更新决策等）。

由于影响设备状况的因素很多，一般来说，任何一个企业目标都不会只有唯一的设备方案，因此，在设备规划阶段应进行各种方案的技术经济评比，择其最优者。调查研究、方案罗列、方案评比及优化、方案的决策和实施，以及在实施中继续修改和完善方案，这就是设备规划的一般过程。反映这一过程的文件是设备方案的可行性研究报告，它是整个企业投资项目可行性研究的一个重要组成部分。

第二节　投资方案的经济评价

设备的经济规划主要是研究设备的投资问题。作为固定资金主要部分的设备投资，要考虑它的投资额、投资效益、回收期、投资来源等问题。

资金是一种有流通手段的劳动价值的负载，一旦与人的劳动相结合，它是会变化、增值的。反之，如果资金闲置，既不使用也不在金融部门存储，则它将因通货膨胀而贬值。所以在我们研究设备投资问题的过程中，随时都要将资金与时间这个因素联系起来，不然，投资方案就难以比较，难以评价了。

同时，企业进行设备投资的目的，在于获取比银行利率更大的收益，而这要冒企业经营失败的风险。因而在对设备投资方案的评价中，还要进行风险分析，否则还不能算是一项完善的可行性研究，不能给决策者提供可信服的参考意见。

一、资金的时值

随着时间的推移，资金价值量发生变化，这是资金运动的结果。不同时间的资金价值量称为资金的时值。把资金投放在不同的地方、不同的行业，其价值增量是不相同的。资金存入银行，以可靠利息来增加其价值。资金投入企业，则靠利润来增值。假设银行的利息与企业的利润永远相等，那么就没有谁会甘冒投资失败的风险，宁可从银行坐享利息了。由于投资者在这两种资金增值的方式中可以做出选择，因此设备投资方案必须用资金的时值作为评价的标准。

首先，要明确通过信贷的途径，依靠利息而增值的资金时值的计算方法。利息有单利和复利两种形式。例如，银行里的人民币存款是采用单利计算法，而外币存款则是采用复利计算法。从投资目的在于创利这一点来说，复利形式更为有用。

1. 利息计算的两种形式

（1）**单利法**　本金一定，利息与利率成正比的计算方法，称为单利法。这种利息称为单利，其利率称为单利率。

总利息 I 为

$$I = Pni \quad (2\text{-}1)$$

式中　P——本金或现值；

　　　n——利息期数（年或月）；

　　　i——每一利息期的利率。

在时间为 n 时，本利和的终值 F 为

$$F = P + I = P(1 + ni) \quad (2\text{-}2)$$

单利法反映了简单再生产的模式，它的资金所创造的利润不再投入企业经营中，这是一种静态的资金增值。

(2) **复利法**　在时间为利息期数 n 时，本利和的终值 F 为

$$F = P(1 + i)^n \quad (2\text{-}3)$$

总利息 I 为

$$I = P[(1 + i)^n - 1] \quad (2\text{-}4)$$

2. 复利法的实际应用形式

设：n——计息的期数（年、半年、季、月等）；

　　P——现值（本金），即 $n = 0$ 时的资金；

　　F——终值，计息期 n 末时的资金；

　　A——发生在每一期末的等额资金；

　　i——利率或收益率。

根据复利法原理，在实际应用中常碰到以下形式：

(1) 一次支付复利终值

$$F = P(1 + i)^n$$

上式就是式（2-3），式中 $(1 + i)^n$ 称为复利终值系数。

(2) 一次支付复利现值

$$P = F/(1 + i)^n \quad (2\text{-}5)$$

式中　$1/(1 + i)^n$——复利现值系数。

(3) 等值系列复利终值　每一期末发生的等额资金 A（投入），用复利计算其终值，即

$$F = A(1 + i)^{n-1} + \cdots + A(1 + i) + A = A[(1 + i)^n - 1]/i \quad (2\text{-}6)$$

式中　$[(1 + i)^n - 1]/i$——等额系列复利终值系数。

> **例 2-1**　若在每年之末存入 2000 元，且连续存 5 年，年利率为 8%，求 5 年末之本利和。
>
> **解：**
> $$F = 2000 \times [(1 + 8\%)^5 - 1]/8\% \text{元} = 11733.2 \text{元}$$

(4) 等额系列基金存储　由复利终值计算每一期末应存储的等值资金，则为式（2-6）的逆运算，即

$$A = F \frac{i}{(1 + i)^n - 1} \quad (2\text{-}7)$$

式中　$i/[(1+i)^n-1]$——等额系列基金存储系数。

例2-2　若8年后欲积累1000万元，而年利率为6%，问自第一年末开始，每年应等额存储多少元？

解：

$$A = 1000 \times \frac{6\%}{(1+6\%)^8-1} \text{万元} = 101.036 \text{万元}$$

（5）等额系列复利现值　从每一计息期末连续发生的等额资金，用复利法计算其现值，即求P与A的关系。

由式（2-5）　　　　　　　$P = F/(1+i)^n$

以及式（2-6）　　　　　　$F = A[(1+i)^n-1]/i$

可得　　　　　　　　　　$P = A\dfrac{(1+i)^n-1}{i(1+i)^n}$ 　　　　　　　　（2-8）

式中　$[(1+i)^n-1]/[i(1+i)^n]$——等额系列复利现值系数。

例2-3　某合资企业投资一批设备，想取得25%的利润率，希望6年里每年取得收益100万美元，求初期投资额应为多少？

解：

$$P = 100 \times \frac{(1+25\%)^6-1}{25\%(1+25\%)^6} \text{万美元} = 295.14 \text{万美元}$$

（6）等额系列投资回收　以现值计算一次现值投资，在每一期末连续发生的等额回收资金数，此即为式（2-8）的逆运算，即

$$A = P\frac{i(1+i)^n}{(1+i)^n-1} \tag{2-9}$$

式中　$i(1+i)^n/[(1+i)^n-1]$——等额系列投资回收系数。房产商分期付款，就采用式（2-9）这个计算公式。

例2-4　某项目的初期投资为200万元，且当年开始收益，投资收益率为20%，到第五年末全部可回收，求每年末的预计等额收益。

解：

$$A = 200 \times \frac{20\%(1+20\%)^5}{(1+20\%)^5-1} \text{万元} = 66.88 \text{万元}$$

二、设备投资评价的依据

对设备投资进行评价，其目的在于从价值形态的角度论证和优选设备投资方案。这种论证和优选的基本宗旨，就是追求尽可能高的设备投资效益。然而效益的大小可能随不同的决策人员站在范围大小不同的系统立场上而有所变化。国家机关考虑的往往是投资的全社会效益，主管部、委考虑的通常是企业集团或行业的综合效益，只有企业管理人员是从企业自身的最大效益出发来评价设备投资方案。在我国，解决国家、部门与企业之间效益

不一致的问题时，要强调总体利益高于局部利益这个原则。

为此，我们可以将设备投资评价的依据划分为企业外和企业内两个层次。企业外的问题，就是解决企业与其外部环境的适应性，包括企业与市场、企业与所属部门以及其他单位的关系。企业内的问题，则是解决企业系统本身在技术上和经济上结构的合理性，包括企业的投资效益、资金的正常流转、利润分配、设备投资和更新的远景规划等。

现就几项经营管理中常需考虑的问题略加论述，作为在设备投资评价之前考虑问题的一些依据。

1. 市场预测

市场预测是投资决策的原始依据。购置设备的目的是生产产品，所以设备选择是否适当和是否具有生命力等，首先要通过产品的市场预测才能做出判断。人们仅仅从技术上研讨设备对产品的适应性，这还是很不够的，因为没有触及企业经营的本质。

用某种设备生产的产品是否适应市场的需求？需求量的上、下限有多大？持久性如何？这些问题初步指明了办企业的前景，也即是设备投资的前景。设备投资的可能性、投资规模、预计投资回收期等，主要取决于这几个问题所提供的参考信息。同时，产品售价上下浮动的幅度预测，与相同功能的其他企业或设备所做的技术经济比较，也是十分重要的。竞争机制的建立，将迫使企业的决策者们对市场预测予以重视。

企业除了预测产品的销售市场之外，还必须了解人员、物资供应等状况，即投入的因素也要有市场。如果劳动力、原料、能源、资金等市场发生短缺，那么设备投资问题还是不能解决的。

对于市场预测的结果，不但要定性化，还要定量化。在设备投资决策阶段，企业做出的上述输入和输出诸因素的市场预测，只可能是粗略的。因为影响市场的因素很多，通常不能用一些确切的数学公式来表达产品、劳动力、物资、资金等因素与时间的函数关系。

从市场的持续性来说，我们可将市场划分为稳定性市场和临时性市场两大类。显然，两类市场给设备投资带来的风险是不一样的。对于投资额大、产品批量大、人力物力大的情况，应以稳定性的市场预测为依据，即以产品可能持续稳定进行销售的预计稳定期，作为选择设备寿命、可靠度、种类和型号，以及折旧率和更新改造的计算基础。对于投资额小、市场状况不确定的情况，通常选择多功能的通用设备或寿命周期不长的专用设备。前者采用较低的折旧率；后者采用较高的折旧率，以缩短回收期，减小风险损失。

2. 年度投资预算

设备投资受到企业年度投资预算的制约，因为设备投资只能是企业年度投资预算的一部分，此外还必须考虑土地、建筑物以及其他项目的投资，并保留一笔不可预见的准备费。

设备投资的费用有两个来源：一个来源是利用企业的折旧基金进行更新改造；另一个来源是企业追加的设备添置专款。当工艺过程不发生变化时，使用折旧基金对老设备进行更新改造，不一定购置一种与原设备完全相同的新设备。

所谓固定资金并不是指它的价值量没有改变，在再生产中它有所追加，表现为用新设备更换旧设备，或对原设备进行技术改造。企业每年能够拿出多少费用来对设备进行这种价值追加，取决于企业的发展战略。

如果从市场预测结果认为老产品还有生命力，或扩大批量，或发展系列产品，此时对设备继续投资是必要的。投资项目通常选择设备系统中的薄弱环节，即那些磨损严重、负荷大或在设备系统中比较重要的机械设备。所以，设备管理人员应将更多的注意力放在对生产起关键作用的那些主设备上。

设备规划工作则是一种经常性的管理内容。有些价值昂贵的主设备要更换改造，其一次性投资可能超出了企业年度预算可供设备投资的能力，这时可利用专项借款的办法来筹措。勉强地挪用流动资金来搞设备购置，或不适当地将设备投资追加，纳入企业的不可预见费，都会给企业带来管理上的混乱。

3. 折旧政策

关于折旧，本书将在第九章详细研究。这里仅简要地提出概念，所谓折旧就是在产品成本中分摊（提取）固定资产的价值，予以回收。因此，为企业中各类设备规定合理的折旧率，是制订折旧政策的关键。

在设备投资评价中，折旧政策是个重要因素。折旧率一经确定，就不要随意修改，以免造成财务上的混乱。另外，折旧费不作为现金流出或流入，因为它本质上是过去已经创造的价值物化到固定资产上的，而不是现阶段生产过程中的一种创造或增值。当折旧期终止后，设备可能继续在运转，其账面价值已经消去了，但这时也绝非无偿地使用设备，因为设备使用费的其他项目和维修费仍然存在。

由于设备的自然寿命通常都大于它的折旧期，所以在折旧终了时它的使用价值依然存在。同一台旧设备，在这家企业可能已认为没有什么价值，要更新改造了，但在另一家企业，它还可以继续发挥作用。因此，国家从社会的整体效益出发，要注意指导旧设备的转让问题，将一些因为磨损而准确度降低、生产率降低的旧设备转售给生产低层次产品的企业，这对于双方都将是有益的。例如，国有企业的旧设备处理给乡镇企业，就是物尽其用的最好实例。

国家要为国内企业的固定资产规定折旧方法和框定大致的折旧期限。同样，企业要为旧设备转让制订合理的折旧政策。在技术条件允许的情况下，采取旧设备转让的方式，可以实现全社会范围设备配置的调整，重新布局生产力，提高经济效益。

4. 国家的财政措施

国家政策对于固定资产的投资起着重要的作用，不论资本主义国家还是社会主义国家，都通过它的政策来指导和干预设备投资。其主要的手段有：

（1）实行合理的税收制度和税率　国家用税收的形式对企业投资进行间接控制，在宏观上指导投资方向。例如，为抑制某些行业而课以重税，为扶植边穷地区而实行赋税减免等。

（2）规定某些强制性的折旧政策　根据具体的形势和科学技术发展趋势，用不同的折旧率来控制设备投资的进程。例如，我国各部委曾公布过淘汰产品的目录，禁止再行生产。日本政府曾强行规定本国机械制造业的设备应在20世纪60年代全部更新，以创造强大的竞争力，这个目的他们是达到了。美国政府在里根执政期间也对税率和设备折旧率有强制性的规定，为振兴美国的工业创造条件。

（3）银行的干预和监督　国家通过中央银行和各种专业银行对设备投资的资金信贷进行干预和监督。

总之，在企业进行设备投资评价时，对上述背景材料必须有充分的了解，它反映了大系统（社会、环境）对小系统（公司、企业）投资行为的一种制约能力。企业必须在这个大系统中生存发展，因此是无法回避的。

三、设备投资规划应预估的内容

进行设备投资方案的评价，不仅仅涉及设备本身的购置价格。从设备系统工程的观点看来，设备规划工作者要对下列有关的各项费用和数据应有明确的了解，以便于对每一种投资方案所引出的一系列不相同的资金支出进行量化。

1. 固定资产支出项目

1）征地费。
2）勘测费。
3）场地清理费。
4）配套建筑物设施费。
5）动力设备费。
6）设备基础费。
7）机械设备购置费。
8）安装费。
9）设备运输费。
10）工具、夹具费。
11）人员的管理设施费。
12）研究、开发、设计费。
13）项目管理费。
14）技术咨询、专利费。

2. 有关流动资金支出项目

1）备品配件库存量及其费用。
2）在制品价值。
3）协作、委托应收支的费用。

3. 旧设备的残值及清理费用

在设备进行更新时，对于其残值的处理，一般是作为当年的一项收入计入现金流量的。但此项收入必须在实现其价值（如转让、拆装、修旧利废等用途）之后才可计入，同时还必须减去其清理费用。

四、设备投资的经济评价方法

设备投资的经济评价方法分 **静态计算法** 和 **动态计算法** 两类。当暂时不计及资金的时值问题，缺乏关于整个寿命周期各项费用的依据时，从简便、直观和容易掌握的要求出发，适用于方案的初步评价，则采用静态方法。反之，为了做出比较精确的费用估计，则必须从资金与时间的关系，以寿命周期全过程为时间范围运用动态的方法计算。

1. 静态经济评价方法

（1）简单投资收益率 设备安装使用后达到正常水平的年份称为"达产年"。简单投

资收益率是达产年份的净收益与初期投资（包括设备投资和流动资金）的比值，即

$$R = (F + Y + D)/I \times 100\% \tag{2-10}$$

式中　R——全部投资收益率；
　　　F——达产年份的销售利润；
　　　Y——达产年份贷款利息；
　　　D——折旧费；
　　　I——总投资（设备投资与流动资金之和）。

式（2-10）是根据投入产出计算效益的基本原理，认为投产后的销售利润在数量上等于产品售价减去成本和税收。贷款利息是指设备折旧可能获得的利息。

（2）静态投资回收期（返本期）　投资回收期与折旧期是两个含义不同的时间概念。回收期又称为返本期，在此期间，设备开始投入生产，一切与设备使用有关的支出费用，都从产品销售的税后纯利润中得到了补偿。设回收期为 t 年，则

$$I = \sum_{i=0}^{t}(S - C' - T)_i \tag{2-11}$$

式中　I——关于此项设备的总投资；
　　　S——年销售收入；
　　　C'——不包括折旧在内的年经营成本；
　　　T——税金；
　　　i、t——从起始计算到回收期为 t 年的年份。

回收期也就是净现金流量累计总额与总投资相抵（即总流入与总流出达到平衡）时的时间间隔。当净现金流量的累计值等于零或出现正值的年份，便是设备投资项目回收期的最终年份。不足一整年的部分，可以用上年累计净现金流量的绝对值除以当年的现金流量求出。所以，从净现金流量表上看问题时，式（2-11）可写成

$$投资回收期 = 累计净现金流量出现正值的年份数 + 上年累计净现金流量的绝对值/当年净现金流量 \tag{2-12}$$

例 2-5　某设备项目总投资费用为 2 万元，投资回收期若从项目建设期起算，该设备第三年投产。每年折旧费为 1600 元，投资开始，各年的净利润、收益以及未收回投资的金额见表 2-1。

表 2-1　例 2-5 投资回收期计算表　　　　　　　　　（单位：元）

	年份	净利润　+	折旧	收益	未收回投资金额
建设期	1	0	0	0	20000
	2	0	0	0	20000
投产期	3	-300（亏损）	1600	1300	18700
	4	1600	1600	3200	15500
	5	3500	1600	5100	10400
	6	4200	1600	5800	4600
	7	4200	1600	5800	-1200

从表 2-1 中可见，第三年投产时利润为负值，意味着初期亏损。全部投资的绝大部分

已于第6年末收回，尚余4600元，而第7年收益大于此数，故此设备的回收期为

$$t = (6 + 4600/5800) \text{年} = 6.79 \text{年} \approx 6.8 \text{年}$$

在对投资做粗略评价时，可用预计年平均利润与固定资产折旧费之和作为年现金流入量，则投资回收期为

$$t = 总投资额/年现金流入量 \tag{2-13}$$

如用上例中的数据，年现金流入量等于3028.5元，由式（2-13）计算，得回收期 $t = 6.63$ 年。

2. 动态经济评价方法

（1）动态投资回收期　在考虑资金的时间因素的条件下，对静态投资回收期进行修正，其方法是在每个年份的各种资金数额上乘以当年的折现系数，即

$$P(I) = \sum_{i=0}^{t} (S - C' - T)_i \alpha_i \tag{2-14}$$

式中　$P(I)$——关于此项设备投资总额的现值；

α_i——第 i 年的折现系数，$\alpha_i = (1 + r)^{-i}$；

r——基准收益率或预计的折现率。

其他参数同式（2-11）。同样，利用制作现金流量表的方法，可求出动态回收期。

例2-6　设折现率 $r = 10\%$，其余条件同例2-5，按式（2-14）计算，求动态回收期。

动态回收期计算表见表2-2。在表2-2中，累计净现金流量现值出现正值年份数为第6年，数值为2596.11元，第7年净现金流量现值为2976.56元，于是，动态投资回收期 t 为

$$t = (6 + 2596.11/2976.56) \text{年} = 6.87 \text{年} \approx 6.9 \text{年}$$

表2-2　例2-6 动态回收期计算表　　　　（单位：元）

年份		α_i $(1+r)^{-i}$	净利润 a		折旧 b		收益折现值 c $a+b=c$	未收回资金 d 累计未收回资金折现 $-c=d$
			当年值	折现值	当年值	折现值		
建设期	1	0.9091	0	0	0	0	0	$20000 \times 0.9091 = 18182$
	2	0.8264	0	0	0	0	0	$20000 \times 0.8264 = 16528$
投产期	3	0.7513	−300	−225.39	1600	1202.08	976.69	$15025.45 − 976.69 = 14048.76$
	4	0.6830	1600	1092.80	1600	1092.80	2185.60	10586.00
	5	0.6209	3500	2173.15	1600	993.44	3166.59	6457.05
	6	0.5645	4200	2370.49	1600	903.24	3273.94	2596.11
	7	0.5132	4200	2155.44	1600	821.12	2976.56	−616.46
	8	0.4665	4200	1959.29	1600	746.40	2705.69	

从例2-5、例2-6可见，在考虑资金时值的情况下，动态投资回收期与静态投资回收期是有差别的。折现率 r 越大，这种差别也就越大。当 $r = 0$ 时，就不存在动态与静态之间的区别。

（2）净现值（NPV）法　净现值是反映设备投资后，在整个建设和投产年限内获利能力的

动态指标。它把各年度发生的净现金流量（现金流入与现金流出之差），按一定的折现率或基准收益率折现到基准年的所有现值之总和。通常取设备投资开始执行的年份为基准年，即

$$\text{NPV} = \sum_{i=0}^{n} (\text{CI} - \text{CO})_i \alpha_i \tag{2-15}$$

式中　CI——现金流入；

　　　CO——现金流出；

$(\text{CI} - \text{CO})_i$——第 i 年净现金流量；

　　α_i——第 i 年的折现系数；

　　　n——设备开始投资至使用期末的年限总和。

NPV 可通过现金流量表的现值计算求得。当 NPV > 0 时，表明企业除取得按折现率得到的投资收益外，还得到一笔等于 NPV 的现值收益。当 NPV = 0 时，则投资方案的收益率与折现率相等。当 NPV < 0 时，表明企业的投资收益率低于折现率，但并非说投资无利可图。所以在多方案评比中，可选 NPV 的数值较大者为优选方案。

例 2-7　某设备初期投资 600 万元，使用年限为 6 年，自第一年之末起每年净现金流量 175 万元，期末残值 20 万元。试按贴现率 15% 和 20% 两种情况分别计算净现值，并选择用哪个方案。

解：按贴现率 $i = 15\%$ 计算，由式（2-8）及式（2-5）得

$$\text{NPV}_\text{I} = \{-600 + 175[(1+15\%)^6 - 1]/[15\%(1+15\%)^6] + 20/(1+15\%)^6\} \text{万元}$$

$$= (-600 + 175 \times 3.7845 + 20/2.3131) \text{万元}$$

$$= 70.93 \text{万元}$$

按贴现率 $i = 20\%$ 计算，得

$$\text{NPV}_\text{II} = \{-600 + 175[(1+20\%)^6 - 1]/[20\%(1+20\%)^6] + 20/(1+20\%)^6\} \text{万元}$$

$$= (-600 + 175 \times 3.3255 + 20/2.9860) \text{万元}$$

$$= -11.34 \text{万元}$$

因为 $\text{NPV}_\text{I} > \text{NPV}_\text{II}$，可见应选用贴现率为 15% 的方案。该方案可确保投资收益率大于 15%，并取得近 71 万元现值收益。

（3）净现值比率（NPVR）法　为了考评效益的相对大小，设净现值与总投资现值之比称为净现值比率，即单位投资现值的净现值，并把它记为 NPVR。其计算公式为

$$\text{NPVR} = \text{NPV}/P(I) \tag{2-16}$$

只有在 NPVR ≥ 0 时方案才可取。当对两个方案做评价时，选取 NPVR 较大的方案。

例 2-8　有 A、B、C 三个方案，情况见表 2-3。

表 2-3　A、B、C 三个方案的情况

方　案	初期投资	每年净现金流量	收　益　率	使用年限
A	5000 元	1400	15%	10
B	8000 元	1900	15%	10
C	10000 元	2500	15%	10

试问哪一方案最佳？

解：经计算知

$$NPV_A = 2026 \text{ 元}$$
$$NPV_B = 1536 \text{ 元}$$
$$NPV_C = 2547 \text{ 元}$$

从净现值角度，应选 C 方案。

但计算其净现值比率：

$$NPVR_A = 2026/5000 = 40.52\%$$
$$NPVR_B = 1536/8000 = 19.20\%$$
$$NPVR_C = 2547/10000 = 25.47\%$$

方案 A 为最优，方案 C 次之，方案 B 不可取。

（4）费用效益分析（CBA）法 在静态经济评价方法中，虽然也从投入产出的角度来研究投资效益，但那是不全面的。我们在给出简单投资收益率这个概念时，只考虑到设备的初期投资，对于效果，也只考虑到设备达产年份的产品产出净收益。要克服上述缺陷，最好的办法是考虑整个寿命周期的投入和产出，即以寿命周期费用为投入的度量，并以这个时期的产品总量作为它的效益或产出的度量。以此得出设备的寿命周期费用效益的概念，即

$$\text{绝对费用效益} = \text{产品效益} - \text{寿命周期费用} \tag{2-17}$$
$$\text{相对费用效益} = \text{绝对费用效益}/\text{寿命周期费用} \tag{2-18}$$

费用效益分析是对设备方案进行技术经济分析中的一个十分重要的综合指标。但在做设备投资规划方案时，由于存在许多不可预测的因素，使我们无法将这种分析计算做得很精确，而仍然只具有概预算的性质。

第三节 设备合理使用期的估算

在规划、选择设备的方案时，不可避免地要提出这样一个问题：一台设备使用多少年为最理想？这是管理工作中一个十分关键的问题，它影响到设备的折旧率、改造更新、使用维护费、费用效益、造价、寿命周期费用等一系列经济指标，也影响到设备的精度、性能、生产率、可靠性、修理方式及修理层次等一系列技术指标。所以，设备寿命周期如何选择也是设备规划阶段的关键。

自投入使用之日起，设备因物质形态的磨损而丧失功能所经历的时间，称为自然寿命或使用寿命。自投入使用之日起，因别的某种具有相同功能的新设备出现而被淘汰所经历的时间，称为技术寿命。从价值观点出发，设备从投入使用到它的经济效益低于新设备所经历的时间，称为经济寿命或最佳更新期。设备的合理使用期或收益期，不同于经济寿命，它是使用某种设备尚能获取利润的时间。一般来说，设备的自然寿命大于经济寿命。只要设备的技术水平足够先进，其技术寿命就可以延续到与自然寿命相等。设备管理工作者无疑更关心的是设备的合理使用期。

一、设备最佳使用年限的估算

最佳使用年限的概念，产生于设备每年使用费最少或设备在某个时间内单位时间的使用成本最低这一愿望。有以下几种方法可以估算。

1. 设备低劣化程度估算法

由于设备的有形磨损和无形磨损，其使用费和维修费均将逐年增加，这是设备状况低劣化的表现。

设 K_0 为设备原值，ΔE 为设备低劣化数值，设备费用可近似地认为随时间变化而线性增长。在第 T 年时，设备的低劣化数值为 ΔET，在 T 年期间，平均低劣化数值为 $\Delta ET/2$，由此得每年的平均设备费用为

$$E = K_0/T + \Delta ET/2 \tag{2-19}$$

将式（2-19）对 T 求导数，并令 $dE/dT = 0$，得

$$dE/dT = \Delta E/2 - K_0/T^2 = 0$$

于是

$$T = \sqrt{2K_0/\Delta E} \tag{2-20}$$

T 就是每年使用费和维修费最少的使用年限。式（2-20）表明：设备原值越大，最佳使用期应越长；低劣化数值越大，使用期应越短。式（2-20）为估算设备的使用年限提供了一个方法，但它的条件是：设备规划人员必须从本企业或类似的企业中获得过去的经验和统计资料，做出一个较为可靠的低劣化数据 ΔE，并在估算中不计设备的残值。

2. 成本模型法

从设备在 t 时间内的总成本 C 求单位时间内成本的最小值，将其对应的使用时间取为最佳使用年限。

设备原值 K_0 为常数，而它的残值和使用维修费都是 t 的函数。总成本的数学模型为

$$C = K_0 - B(t) + \int_0^t W(t)\,dt \tag{2-21}$$

式中　$B(t)$——设备在时间 t 时的残值；

　　　$W(t)$——使用及维修成本。

单位时间内的成本 c 为

$$c = C/t = K_0/t - B(t)/t + (1/t)\int_0^t W(t)\,dt$$

令 $dc/dt = 0$，则

$$dc/dt = -K_0/t^2 + B(t)/t^2 - B'(t)/t + W(t)/t - (1/t^2)\int_0^t W(t)\,dt = 0$$

$$K_0 = tW(t) + B(t) - tB'(t) - \int_0^t W(t)\,dt \tag{2-22}$$

若 $d^2c/dt^2 > 0$，则式（2-22）有极小值的解，可由此得出最佳使用年限 t。

例 2-9　某设备购置费为 50 万元，投入使用后其残值按每年 $[25/(1+t)+10]$ 万元下降，使用维修费则按照 $(6+4t)$ 万元上升。问此设备多少年后更新为宜？

解： 设 t 年后更新，此期间总费用 C 为

$$C = 50 + \int_0^t (6 + 4t)\,dt - [25/(1+t) + 10]$$
$$= 40 - 25/(1+t) + 6t + 2t^2$$

则每年费用 c 为

$$c = C/t = 40/t - 25/[t(1+t)] + 6 + 2t$$

求 c 的最小值，令 $dc/dt = 0$，并满足 $d^2c/dt^2 > 0$，即

$$-40/t^2 + 2 - 25\{[1/(1+t)] \times [1/(-t^2)] + 1/t \times [(-1)/(1+t)^2]\} = 0$$
$$-40(1+t)^2 + 2t^2(1+t)^2 + 25(1+t+t) = 0$$
$$2t^4 + 4t^3 - 38t^2 - 30t - 15 = 0$$
$$t = 3.93 \text{ 年} \approx 4 \text{ 年}$$

3. 由设备费用方程确定最佳使用年限法

在计算设备最佳使用年限时，如果手头缺乏设备低劣化的数据资料，或者当某种工作可有两种设备方案供选择时，可从长期使用某设备、每隔几年更新一次，使设备总费用最少的角度出发，来计算最佳使用年限 n。若设备系统的购置费为 K_0，各年度的使用维修费为 $C_1, C_2, \cdots, C_n$，考虑到资金的时值，设 i 为资金利润率（或通货膨胀率），现值系数为 $X = 1/(1+i)$，则

第一年的设备使用费为 $K_0 + C_1$；

第二年的设备使用费为 $C_2 X$；

第三年的设备使用费为 $C_3 X^2$；

$\vdots$

第 n 年的设备使用费为 $C_n X^{n-1}$。

n 年内的费用总和 K_n 为

$$K_n = K_0 + C_1 + C_2 X + C_3 X^2 + \cdots + C_n X^{n-1}$$

设每 n 年后进行更新，则得到长期使用此设备的总费用 K 为

$$\begin{aligned} K &= K_n + K_{2n} + K_{3n} + \cdots \\ &= K_n + K_n X^n + K_n X^{2n} + \cdots \\ &= K_n(1 + X^n + X^{2n} + \cdots) \end{aligned} \quad (2\text{-}23)$$

式（2-23）称为设备费用方程。因为 $|X| < 1$，级数收敛，按等比级数求和公式

$$1 + X^n + X^{2n} + \cdots = 1/(1 - X^n)$$

得

$$K = K_n/(1 - X^n) \quad (2\text{-}24)$$

当存在 $K_n < K_{n-1}$，$K_n < K_{n+1}$ 的条件时，n 即为最佳使用年限（或最佳更新期）。

例 2-10 设备甲的购置费 $K_0 = 5000$ 万元，年利率为 $i = 10\%$，年度经营费在前五年内每年为 800 万元，以后由于设备磨损每年递增 200 万元。试根据长期使用它的总费用值确定最佳使用年限。

设备乙与上述设备甲的功能相同,其购置费 $K_0 = 2000$ 万元,年利率 $i = 10\%$,前六年的经营费为每年 1200 万元,以后每年要追加 200 万元,试比较甲、乙两设备并做出选择。

解： 设备甲、乙的设备总费用值计算分别列于表 2-4、表 2-5 中。

表 2-4　设备甲的设备总费用值　　　　　　　　　　　　　（单位：万元）

n	C_n	X^{n-1}	$C_n X^{n-1}$	K_n	$1-X^n$	K
1	800	1.0000	800	5800	0.0909	63806
2	800	0.9091	727	6527	0.1736	37598
3	800	0.8264	661	7188	0.2487	28902
4	800	0.7513	601	7789	0.3170	24571
5	800	0.6830	546	8335	0.3791	21986
6	1000	0.6209	621	8956	0.4355	20565
7	1200	0.5645	677	9633	0.4868	19788
8	1400	0.5132	718	10351	0.5335	19402
9	1600	0.4665	746	11097	0.5759	19269*
10	1800	0.4241	763	11860	0.6145	19300

注：带 * 号者为最小值。

表 2-5　设备乙的设备总费用值　　　　　　　　　　　　　（单位：万元）

n	C_n	X^{n-1}	$C_n X^{n-1}$	K_n	$1-X^n$	K
1	1200	1.0000	1200	3200	0.0909	35204
2	1200	0.9091	1091	4291	0.1736	24717
3	1200	0.8264	992	5283	0.2487	21241
4	1200	0.7513	902	6185	0.3170	19510
5	1200	0.6830	820	7005	0.3791	18477
6	1200	0.6209	745	7750	0.4355	17796
7	1400	0.5645	790	8540	0.4868	17544*
8	1600	0.5132	821	9361	0.5335	17547

注：带 * 号者为最小值。

从表 2-4 中看到，$K_9 < K_8$，$K_9 < K_{10}$，所以设备甲的最佳使用年限为 9 年，总费用的最小值 $K_9 = 19269$ 万元。

从表 2-5 中看到，$K_7 < K_6$，$K_7 < K_8$，所以设备乙的最佳使用年限为 7 年，总费用的最小值 $K_7 = 17544$ 万元。

因为 $K_乙 < K_甲$，所以设备乙应为选择对象。

二、目标利润与设备的合理使用期

设备合理使用期是根据企业系统的目的提出来的。企业购置设备进行生产，目的在于获利。因为利润是一切财富之源，设备的使用也应该同利润情况联系起来。设备的合理使用期，就是它生产的产品在销售中还能获得利润的时间界限。排除独家生产、独家经营的特殊情况（这种情况下企业总能维持它获利的垄断权），重要的是掌握产品的社会平均利润率的变化，以及企业自身的利润率发展趋势。

设　T——设备合理使用期，$T = T_d + T_u$；

T_d——设备停机时间；

T_u——设备全部有效使用时间；

r——设备平均折旧率；

K_0——设备原值；

K_u——设备使用维修费累计额；

K_d——停机损失费累计额；

K_m——原料、能源、环境费；

K_w——人工费。

则总成本 C 为

$$C = K_0 + K_u + K_d + K_m + K_w - rT = \sum K - rT$$

因为　利润 = 产品售价 – 成本 – 税金

产品售价 = 产品单价 W × 全部产量 QT_u

税金 = 利润 L × 税率 r_s

其中，Q 为设备生产率。

于是

$$L = WQT_u - C - Lr_s$$
$$= WQ(T - T_d) - \sum K + rT - Lr_s$$

所以

$$T = \frac{L(1 + r_s) + WQT_d + \sum K}{WQ + r} \tag{2-25}$$

式（2-25）是考虑了利润、税率、产品售价、生产率、折旧等因素而建立起来的一个综合公式。在进行设备规划时，企业决策者可从设备投资的目标利润 L 开始，收集关于产品的销售行情、政府的税率、折旧政策等信息和设备预期要达到的生产率，估算出保证能获利润的合理使用年限。

三、迭代法在现代设备管理计算中的应用

现代设备管理中，经常会遇到理论计算问题，其中，设备最佳使用年限的估算对于设备管理人员来说，是一项常规性工作。这里结合成本模型法，介绍一元高次方程的迭代解法，便于有关人员采用。

1. 问题的引出

设备最佳使用年限的概念，产生于设备每年使用费最少或设备在某时间内单位时间的使用费最低这一愿望。按成本模型法估算设备最佳使用年限，方法简单，掌握容易。从设备在 t 年时间内的总成本 C 出发，求单位时间内成本的最小值，将其对应的使用时间取为最佳年限。

设备原值为常数 K_0，而它的残值 $B(t)$ 和使用维修费 $W(t)$ 都是使用年限 t 的函数，于是，总成本 C 的数学模型为

$$C = K_0 - B(t) + \int_0^t W(t)\mathrm{d}t \qquad (2\text{-}26)$$

单位时间内的成本 c 则为

$$c = C/t = K_0/t - B(t)/t + (1/t)\int_0^t W(t)\mathrm{d}t \qquad (2\text{-}27)$$

令 $\mathrm{d}c/\mathrm{d}t = 0$，则

$$-K_0/t^2 + B(t)/t^2 - B'(t)/t + W(t)/t - (1/t^2)\int_0^t W(t)\mathrm{d}t = 0 \qquad (2\text{-}28)$$

若 $\mathrm{d}^2c/\mathrm{d}t^2 > 0$，则式（2-28）有极小值的解，可由此得出最佳使用年限 t。

2. 实例计算

例 2-11 某设备购置费为 40 万元，投入使用后其残值按每年 $[20/(1+t)+8]$ 万元下降，使用维修费则按 $(5+4t)$ 万元上升。请按成本模型法估算最佳使用年限 t。

解：把有关参数代入式（2-26），得

$$C = 40 - [20/(1+t)+8] + \int_0^t (5+4t)\mathrm{d}t = 32 - 20/(1+t) + 5t + 2t^2$$

按照式（2-27）得

$$c = 32/t - 20/[t(1+t)] + 5 + 2t$$

令 $\mathrm{d}c/\mathrm{d}t = 0$，即有

$$-32/t^2 - 20\{(-1)/[t^2(1+t)] - 1/[t(1+t)^2]\} + 2 = 0$$

经整理得

$$t^4 + 2t^3 - 15t^2 - 12t - 6 = 0 \qquad (2\text{-}29)$$

求解式（2-29）中的 t，实质上是一元高次方程的求根问题，求得的最小正数根，就是例题的答案。这里，采用常规的迭代方法，便于设备管理人员掌握。

3. 迭代法求解

根据上述例题中参数的物理含义，迭代初值 t_0 的取值应为数值不大的正数，一般取 3~8，迭代计算的工作量不会很大。式（2-29）的迭代式，可有多种表达形式。

1)
$$t^3(t+2) = 15t^2 + 12t + 6$$
$$t^3 = (15t^2 + 12t + 6)/(t+2)$$
$$t_{k+1} = \sqrt[3]{(15t_k^2 + 12t_k + 6)/(t_k + 2)}$$

取 $t_0 = 3$ 时，得

$t_1 = 3.283$，$t_2 = 3.397$，$t_3 = 3.441$，$t_4 = 3.458$，$t_5 = 3.464$，$t_6 = 3.466$，$t_7 = 3.467$，$t_8 = 3.467$

所以 $t = 3.467$ 年 ≈ 3.5 年

2)
$$t^4 = -2t^3 + 15t^2 + 12t + 6$$
$$t_{k+1} = \sqrt[4]{15t_k^2 + 12t_k + 6 - 2t_k^3}$$

取 $t_0 = 3$ 时，得

$t_1 = 3.330$，$t_2 = 3.430$，$t_3 = 3.458$，$t_4 = 3.465$，$t_5 = 3.467$，$t_6 = 3.467$

所以 $t = 3.467$ 年 ≈ 3.5 年

3)
$$t^2(1+t)^2 = 16(1+t)^2 - 20t - 10$$
$$t^2 = 16 - (20t+10)/(1+t)^2$$
$$t_{k+1} = \sqrt{16 - (20t_k+10)/(1+t_k)^2}$$

取 $t_0 = 3$ 时，得
$$t_1 = 3.409, \quad t_2 = 3.461, \quad t_3 = 3.467, \quad t_4 = 3.467$$

所以 $t = 3.467$ 年 ≈ 3.5 年

4)
$$t^2(t^2+2t) = 15t^2 + 12t + 6$$
$$t^2 = (15t^2 + 12t + 6)/(t^2 + 2t)$$
$$t_{k+1} = \sqrt{(15t_k^2 + 12t_k + 6)/(t_k^2 + 2t_k)}$$

取 $t_0 = 3$ 时，得
$$t_1 = 3.435, \quad t_2 = 3.465, \quad t_3 = 3.467, \quad t_4 = 3.467$$

所以 $t = 3.467$ 年 ≈ 3.5 年

5)
$$t^2(t^2+2t-15) = 12t + 6$$
$$t^2 = (12t+6)/(t^2+2t-15)$$
$$t_{k+1} = \sqrt{(12t_k+6)/(t_k^2+2t_k-15)}$$

取 $t_0 = 3$ 时，得

因为 $t^2 + 2t - 15 = 0$

所以此法不可取。

4. 结果分析

采用第1种迭代方式，需要迭代8次，方才得到结果。而采用第2种方式，仅需要迭代6次。这里介绍的第3、4种方式，实际上仅是在第1种方式的基础上，稍稍做了些变化，结果只需要迭代4次，就得到了满意的答案。另外，在选择迭代公式时，应尽量避免分母可能出现零值的分式结构。还有，在开偶次方的迭代公式结构中，取初值时，也应避免根号内出现负值。因为在这两种情况下，均会使迭代过程无法进行。看来掌握迭代法的技巧，对于设备管理人员计算现代设备管理中的问题，确实大有好处。

从数值分析理论来说，对于同一问题，采用不同的迭代公式，获得最终结果时迭代次数的多少，这涉及迭代公式的收敛性问题。迭代次数少的，说明迭代式收敛快，迭代次数多的，说明迭代式收敛慢。

十分显然，碰到这类问题时，选择迭代式的技巧在于思维活跃和思路开阔，不要局限于一种解法，要多选择几种方式试试，一方面可以相互验证，另一方面会找到收敛较快的迭代式。

5. 建议和结语

解一元三次方程比解一元二次方程自然要困难一些，但如果数学模型高于三次方程的话，解题的难度肯定会大得多。尽管这里介绍的迭代解法，是从现代设备管理的解题中引出的，但作为基本的方法，它带有普遍性，同样适用于其他的知识领域，只是求解的参数代表着其他的物理含义。

6. Newton-Raphison 迭代公式

如果最终推导出来的表达式为非线性方程，那么采用上面的迭代方法会有困难。为此，这里我们介绍采用 Newton-Raphison 公式进行迭代，问题就方便得多。这里，我们只介绍 Newton-Raphison 迭代公式的基本原理，而对迭代公式的收敛性问题不做讨论。

假设，要求方程 $f(x)=0$ 的根，令

$$\mathrm{d}f(x)/\mathrm{d}x = f'(x)，则$$

$$x_{k+1} = x_k - f(x_k)/f'(x_k) \tag{2-30}$$

迭代条件：$f'(x_k) \neq 0$。

对于线性方程迭代，Newton-Raphison 公式同样可适用。也就是说，$f(x)=0$，可以是线性方程，也可以是非线性方程。

第四节 设备投资预测

投资预测是设备规划阶段的一项任务，对各种主要的不确定性因素的波动进行分析，判明这些波动对设备投资的经济后果有多大的影响。当这种影响大到不可承受时，这样的设备方案将是不可取的。

一、预测的必要性

企业的生产经营活动，是在社会环境这样一个很大的系统范围里进行的。社会大系统为企业小系统提供条件，企业小系统再为设备子系统提供条件。所以，当我们进行设备规划时，应从理论上了解企业系统和社会系统的每一个组成元素、它们之间的联系和性质，以及随时间延续而变化的规律。但实际上，许多影响设备规划的因素往往是变化的，何时变？变化幅度多大？事前可能预见得到，也可能预见不到，这些因素统称为规划过程中的不确定性因素。由于不确定性是客观存在的，它将使有关设备的技术经济规划发生偏差或波动。在技术上，为适应这种波动，必须使设备功能留有余裕。在经济上，则需对这些不确定性因素波动的后果，做出定量的分析，以判断投资的可行性。

在进行设备投资规划时，特别要注意以下一些因素的波动情况：产品的销售量及售价；设备购置价格的变化；因调整企业目标利润而改变设备的寿命周期；可变成本的增减幅度；不变成本的调整幅度等。

二、数值的加权计算

任何不确定性因素的波动范围都是以一定数值来表现的，设备规划人员对各种数值都需要进行处理。

不确定性因素的数值呈现离散性，它的取值随不同的时间而异。取值范围可能与时间没有一个明显的函数关系，但从统计学的意义上来说它还是有某种规律的。

人们最习惯用这样的方式来估计不确定性的因素：一个数值，它最可能是多少？最大是多少？最小是多少？或者对一件事最乐观的估计怎样？最悲观的估计又怎样？

按 β 统计分布，对上述习惯的估计方法是将数值进行综合加权处理。设 r 为数值加权

计算的平均结果，则

$$r = (a + 4m + b)/6 \quad (2\text{-}31)$$

式中 a——估计的最大值（或最乐观值）；
　　b——估计的最小值（或最悲观值）；
　　m——最可能值。

例 2-12 某设备投资的收益率，最乐观的结果是 25%，最悲观的结果是 12%，最可能的结果是 20%，问加权平均值为多少？

解：

$$r = (25\% + 4 \times 20\% + 12\%)/6 = 19.5\%$$

三、盈亏平衡分析

这是一种最常用的技术经济分析方法，其基本原理是假设一项设备投资方案实施后，其产品的产量等于销售量（不存在滞销）；销售收入（售价）和总成本（支出）均为产量的函数；在盈亏平衡点上，总收入等于总支出。

设　X——产品的生产量或销量；
　　W——产品单价；
　　V——单位产品的可变成本；
　　B——不变成本；
　　$S(X)$——销售收入函数，$S(X) = WX$；
　　$C(X)$——成本函数，$C(X) = B + VX$。

故利润函数 $E(X)$ 为

$$E(X) = S(X) - C(X) = WX - (B + VX)$$

当 $E(X) = 0$ 时，盈亏平衡点的批量为 X_0，所以

$$X_0 = B/(W - V) \quad (2\text{-}32)$$

例 2-13 已知某产品单位售价为 100 元。单位产品的制造成本：材料费 50 元，工资 10 元。每年设备费用 80000 元，单位产品可变费用 5 元；销售产品时每年需要固定费用 6000 元，单位产品可变费用 2 元。求盈亏平衡点 X_0。

解：

$W = 100$ 元
$B = (80000 + 6000)$ 元 = 86000 元
$V = (50 + 10 + 5 + 2)$ 元 = 67 元
$X_0 = B/(W - V) = [86000/(100 - 67)]$ 件 = 2606 件

$W - V = 33$ 元，表示在 2606 件基础上每增减 1 件将多创或减少的利润额，称为单位盈亏值。例如，在本题所给条件下，欲创利润（目标利润）25 万元，其总的产品产量应为

$X = X_0 + 250000/33$ 件 = (2606 + 7576) 件 = 10182 件

由此,可以根据设备的生产率(件/年)来预测生产此项产品的设备占用时间,作为设备规划的一个内容。

四、敏感性分析

不确定因素的波动会造成其他因素的变化,如产品的售价、成本、产量的变化,将导致利润的变化;利润的变化又影响设备投资的收益率、回收期等因素。从一因素发生波动的变化量去分析其他因素变化的幅度,称为影响因素的敏感性分析。

在设备规划过程中,应对某些影响较大的变量做敏感性分析,而将影响较小的因素视为常量。

设备投资决策的敏感性分析,最常用的方法是列举不确定性因素对净收益现值增减的影响。进行分析的一般步骤是:

1)确定设备规划及投资方案。
2)分析并确定对设备系统效率及寿命周期费用影响较大的因素。
3)确定各影响因素的波动范围和数值(按最佳、最可能和最坏三种情况去估计)。
4)列表显示分析结果。

例 2-14 某设备投资规划为 100000 元,预定使用 10 年,$i=10\%$,预计这期间的税率可能为 50% 和 53%,求其收益情况。

解: 收益情况见表 2-6。

表 2-6 例 2-14 题的净收益现值计算表　　　　　　(单位:元)

年度	现金收入 (含税) a	净收入 (税率50%) $b=a(1-50\%)$	净收入 (税率53%) $c=a(1-53\%)$	现值系数 d	净收益现值 $e=bd$	$f=cd$
1	80000	40000	37600	0.9091	36360	34180
2	76000	38000	35720	0.8264	31400	29520
3	72000	36000	33840	0.7513	27050	25420
4	68000	34000	31960	0.6830	23200	21830
5	64000	32000	30080	0.6209	19870	17780
6	60000	30000	28200	0.5645	16940	15920
7	56000	28000	26320	0.5132	14370	13510
8	52000	26000	24440	0.4665	12130	11400
9	48000	24000	22560	0.4241	10180	9570
10	44000	22000	20680	0.3855	8480	7970
10年净收益现值累计					200000	187100
投资总收益现值					100000	87100

再对例 2-14 进行分析,可认为对净现值影响较大的因素为:
1)设备购置价格(可能提高 5%)。
2)使用年限(可能缩短 2 年)。
3)现金收入(可能减少 20%)。

4) 税率（可能由 50% 提高到 53%）。

这些因素可能对总净收益现值的影响程度用 $\Delta R/R$ 表示，R 为总净收益现值，ΔR 为重要因素波动前后总净收益现值的变化（差）。

表 2-7 所列为例 2-14 各因素的敏感性分析。

表 2-7 例 2-14 各因素的敏感性分析表

重要因素	净现值/元	$\Delta R/R$	重要性次序	
基本方案的 10 年净总收益	100000	—		—
设备购置价提高 5%	95000	0.050	4	-5%
使用年限缩短 2 年	81340	0.187	2	-18.7%
现金收入减少 20%	80000	0.200	1	-20%
税率提高（50% 提高到 53%）	87100	0.129	3	-12.9%

由表 2-7 可见，在各个发生波动的因素中，影响最严重的因素是现金收入减少 20%，其次为缩短设备使用年限 2 年。通过这样的敏感性分析表，我们可以在设备规划过程及其实施过程中抓住主次因素，加强管理，以确保设备的投资效益。

五、风险的概率分析

盈亏平衡分析和敏感性分析虽然研究的是不确定性因素的影响，但它们使用的方法仍然基于一些确定性的数值之上，如给出具体的波动数值来计算设备投资效果的变化幅度。然而，在实际情况下，这些给出的具体的波动数值可能发生，也可能不发生。对于这种不确定性因素的随机性问题必须引入概率的概念。对设备投资后果的随机性评价，便是风险分析的任务。

风险分析的基本方法，是对各个不确定性因素所取数值的可能性用概率表示，从而求出一个数学期望值，作为评价分析一个项目的依据。

设 P_i 为某个数值 U_i 发生的概率，这项数值假设可能取 n 个（$n = 1, 2, 3, \cdots, n$），则其期望值 U_m 为

$$U_m = \sum_{i=1}^{n} U_i P_i \tag{2-33}$$

式 (2-33) 实际上是把某个数值出现的概率作为权数，求取随机变量的加权平均值。

例 2-15 某设备在投产后达到其生产能力的可能性（概率）见表 2-8。

表 2-8 达到生产能力的可能性（概率）

达到生产能力（%）	60	65	70	75	80
概率（%）	5	10	20	60	5

试求其达到生产能力的期望值 U_m。

解：

$U_m = 60\% \times 5\% + 65\% \times 10\% + 70\% \times 20\% + 75\% \times 60\% + 80\% \times 5\% = 72.5\%$

所以设备规划人员可按 72.5% 去作为达到生产能力的依据。

借助于统计数学的方法,风险大小将用离差来表示。离差越大,风险越大。偏离数值是衡量风险大小的尺度。它有两种算法:

一种方法是计算某项目的结果与项目期望值之差的平方,即方差 V,其计算公式为

$$V = \sum_{i=1}^{n} (U_i - U_m)^2 P_i \tag{2-34}$$

另一种方法是计算偏差系数 C,其计算公式为

$$C = \sqrt{V/U_m} \tag{2-35}$$

偏差系数越大,风险也越大。这里所谓的风险,包含着好或坏两种可能性。作为设备规划者来说,出现坏的趋势是令人担忧的。当偏差系数太高时,应设法研究原方案或调查并收集更多的信息,以减小不确定性的程度。

第五节 规划的可行性研究

一、可行性研究的阶段

可行性研究是进行任何重大决策前必须要做的一项工作。随着具体设备的不同,可行性研究的广度和深度也不同。对于重大的设备投资项目,可行性研究通常分为以下四个阶段。

1. 投资论证

在一个特定的地区和部门进行重大投资时,对其必要性和经济意义应首先予以说明。对设备投资费用的估算误差约为 ±30%。

2. 初步可行性研究

对投资论证中难以确认是否可行的项目,需要进一步做出论证,以判明其可行性。此阶段投资费用的估计误差约为 ±20%。

3. 详细的可行性研究

详细的可行性研究包括设备方案与地区、企业、车间生产计划的关系,工艺的适应性,能源和交通条件,生产组织及人事条件,环境保护和投资预算等。本阶段的详细过程体现在可行性报告中,要求投资费用的估算误差约为 ±10%。

4. 评估报告

对各种可行的方案进行技术经济论证,做出综合评价和选择的结论。

二、可行性报告书

可行性报告书是可行性研究的主要成果。根据撰写可行性研究报告的一般程序和内容,对设备规划来说应当全面阐述和论证设备投资方案的必要性,在技术和经济上的先进性、合理性,还要说明实现此方案的可能性以及规划实施的步骤和时间进程。报告书要涉及以下几个方面。

1. 总论

企业进行设备投资的动机和目的,指明设备规划研究的结论和存在问题,以及解决这

些问题的建议。

2. 设备与产品的关系

设备方案的可行性首先在于它对产品的品种、数量、质量在市场上的适应性，并必须明确产品对设备功能提出的要求。产品的生产批量安排方案对设备类型、生产率、设备的数量及组合形式等都起决定性的作用。产品的销售收益则是设备投资方案进行经济评价的主要依据。

3. 设备与所用能源、原材料的关系

设备能否正常运转，其所需的能源、原材料及辅料应有可靠的供应。

4. 设备设置的环境条件

工厂和车间是否具备设置某种设备的地质、气象、交通运输、占地面积以及施工安装等条件。

5. 设备的技术方案

设备所选择的技术原理、结构、准确度、生产率、工艺装备以及与其他设备的联系形式等，归根到底取决于产品工艺过程的需要。例如，能满足这种需要可能有多个技术方案时，在可行性研究报告中应该提出并论证这些可行方案的优缺点，说明优选方案的充分依据。

6. 设备与环境保护

设备在生产过程中排放的废气、废液、废料和噪声，对周围环境构成污染。报告书中应研究如何治理这些污染源的方法和技术措施，预测对环境影响的程度。

7. 设备方案对操作及管理人员的要求

设备对人员的要求要配套、精练，这包括专业工种、数量、培训计划、生产组织及协作关系等。

8. 设备投资方案的经济评价

经济评价是可行性研究中的一项主要内容。投资总额、资金筹措、投资实施方案应予以说明。在投资效果中，对重大的设备投资，除了应考虑企业经济效益外还要考虑其社会效益。在评价中对优选出来的方案要有充分的论证。

9. 不确定性分析

在设备方案的实施过程中，以及在设备使用和维修的漫长过程中，许多因素的波动对设备都会造成影响。例如，人员组织和工资的变化、原材料品质的改变、流动资金和折旧率的调整、产品转向等，对设备的影响至关重大。这些因素的变化，有些可以预测其变化的幅度，有些则带有很大的随机性。不确定性分析的本质，就是研究设备子系统与企业其他子系统之间的适应和变化关系。

10. 设备方案实施的计划和策略

特别是对于重大的设备投资项目，或因技术难度大，或因大型设备的牵涉面广，在规划、设计、试制、批量生产、制造、安装、试验、投产等一系列过程中，都要精心安排、精心组织，才能予以实现。对于资金占用量大的设备，还有筹措资金和投资策略问题。以上这些问题，都应在可行性研究中给予论述。

11. 可行性研究的结论

可行性研究的结论是为企业决策者提供方向性的建议，设备投资方案是否可行，还存在什么问题，从哪些方面去解决这些问题，以及解决这些问题的可能性，需在结论部分讲述清楚。

第六节　投资项目的呈报和审批

经过可行性研究予以确认的设备投资项目，还要经过呈报和审批才能结束设备的规划阶段，为项目的正式实施创造前提。不论社会制度如何，局部与整体的矛盾、协调和统一的关系始终是存在着的。因而，不论哪一类国家，设备投资项目都不可盲目进行。呈报和审批的实质是由企业、公司和主管部门分层次地对社会生产力的发展进行协调，使投资能创造最大的企业效益和社会效益。国家通过主管部门进行这种协调，意在指导投资方向，合理布局社会生产力，创造就业机会，提高社会福利。低水平的重复投资，必然导致国家人力、物力、财力资源的极大浪费。

国家主管部门仅对大数额的项目进行控制，而将中小数额的投资审批权限下放给公司和企业。设备规划人员应明确本企业的隶属关系和审批权限的范围，来处理呈报内容和呈报程序。

一、设备投资项目呈报的主要内容

1) 投资项目的名称及编号。
2) 对本项目的应用范围和投资效益的简要说明。
3) 由于设备投资而引起的设备购置费、流动资金和税金方面的支出情况。
4) 设备投资的资金来源、数额（包括理想数额与最低数额）。
5) 新设备、新技术可能得到的减免税额。
6) 项目投资额及现金流量分配。
7) 设备投资的地区、位置、企业。
8) 设备投资的种类：主要生产设备、辅助性设备、其他用途的设备等。
9) 由于新设备的投入而更替下来的旧设备的残值。
10) 预计的使用期。
11) 项目开工及完成的日期。
12) 已做的技术经济分析详尽到何年度？分析的精度如何？
13) 设备投资的收益率、资金回收期。
14) 折旧方法、折旧率、折旧总额。
15) 设备投产后可能实现的利润率及目标利润。
16) 预算的说明及规定。
17) 是否经过可行性研究？研究报告由哪一级进行过审批？
18) 备注。

在呈报的表格上应注明：呈报人的职务、签名及日期；呈报文件编制人的职务、签名及日期；各种专业项目评审人员的会签；审批级别；审批人签字及日期。

呈报时应附上必要的文件和资料，如企业情况，生产工艺说明，设备所在车间的平面图，设备项目清单，可行性报告书副本，投资效益及现金流量说明，设备的设计、制造及使用费预估，项目实施的组织措施，以及不可预见事态出现时的防范措施等。

二、设备投资预算外追加的限度和审批

设备投资项目在实施过程中，由于以下原因造成预算不足，必须追加投资。
1）修改设计。
2）原先没有预计到的通货膨胀所引起的各种费用的增加。
3）项目评审的反复和延续所引起的费用。
4）项目实施过程中的意外因素，如待工、待料、返工等引起的费用增加。

审批者面对追加预算有两种选择：
1）项目尚未实施，其要求的追加额又在呈报的设备投资理想数额之内，只是由于原先按最低数额审批，则不应作为呈报者的过错，一般应予以追加到实际需要数额。
2）项目已大部分实施但追加额较大时，审批者应视企业筹措资金的来源如何，再来决定项目暂停、缓建、下马或追加投资等。对于数额较大的预算外追加，则应重新做可行性研究。必要时，追加部分可作为单列项目来处理。

思考题

2-1　设备规划时，企业决策者应如何选择所需的设备方案？
2-2　设备规划的一般过程是什么？
2-3　叙述六种复利法的实际应用形式。
2-4　为什么要进行市场预测？
2-5　设备投资的费用来源是什么？
2-6　国家指导和干预设备投资的主要手段是什么？
2-7　设备投资规划应预估的内容有哪些？
2-8　叙述设备投资的经济评价方法。
2-9　叙述设备最佳使用年限的估算方法。
2-10　估算保证能获利的合理使用年限。
2-11　叙述盈亏平衡分析中的 X_0 的计算。
2-12　规划可行性研究的阶段有哪些？
2-13　可行性报告书涉及哪些内容？

第三章

技术方案的规划和评价

设备技术方案规划，目的在于对设备的技术原理、结构方案、型号规格和制造工艺等做出决策。同时，还需考虑设备是通过自制还是外购的途径获得，以便确定设计制造和安装调试周期。因为这些时间和费用是设备整个寿命周期的组成部分，在进行方案评比时是十分重要的。

设备技术方案规划很容易与设备的初步设计相混淆，实际上后者偏重于技术，而前者偏重于管理，涉及设备系统与企业内部其他系统的关系。我们将尽力避开具体的专业技术，研究设备技术方案规划中带有共性的分析和决策问题，探讨设备物质结构系统及其与企业内部环境系统的联系。

第一节 设备的功能分析

设备功能分析是设备技术方案规划的基础。设备作为最主要的生产工具，首先应当满足生产工艺过程的需要。当工艺过程比较复杂、时间和空间的延续比较大时，就必须对工艺过程进行分解，分解成为一定的工序或工步的组合。

一种产品的工艺过程，往往不是唯一的，但它却是与一定时期的科学技术水平相适应的。人们不可跨越科学技术的限度去制造超现实的产品，但也不应愚笨到抱残守缺，在工艺技术上不图革新，甘遭淘汰的地步。太先进的技术可能导致较高的成本；太落后的技术会导致质量低劣和更高的成本。工艺方案的选择，对企业设备系统的形成起着决定性的作用。

只有在确定工艺技术方案以及工艺过程的分解方案之后，才能将一定的工序或工步运动的要求，向进行设备规划的人员提出来。

一、设备的功能分类

在生产过程中，设备的效用称为它的基本功能。基本功能反映了设备的使用价值，如果设备丧失了基本功能，设备也就没有存在的意义了。

设备除了基本功能之外，人们还希望它们具有一定的辅助功能。一台设备的功能越多，它的结构也将越复杂，越需要高科技、高准确度的紧密结合，其制造、使用和维修成本也就越高。

这给我们一种启示：在做设备的技术方案规划时，既要选择好合适的产品生产工艺方案，将它合理地分解为一定的工序或工步，还要赋予设备以合适的基本功能和辅助功能。从产品开始到设备系统的一系列规划，每一个规划都将出现不同的方案，其最优方案就是从这些规划的评比过程中选择出来的。

从功能的目的上来讲，将设备的功能可区分为使用功能和美学功能。许多设备除使用之外，还应具有观赏价值。例如，家电设备中的冰箱、洗衣机、彩电、空调等，应该使人有赏心悦目的美感。对于工业生产设备，也应考虑外观美学设计。设备是供人使用的，在选择和设计过程中，要考虑人机工程学，使操作者对设备有一种舒适的感觉，而不致感到恐惧、厌烦和疲劳。设备的美学功能涉及设备的艺术设计课程——工业产品艺术造型设计，它是专门研究工业产品外观造型设计和人机系统相协调的一门新兴学科，它不仅涉及科学与美学、技术与艺术、材料与工艺，而且还与人们的心理、生理有着极其密切的关系。工业产品的艺术造型设计不是孤立的，它要求在满足产品使用功能的先决条件下去实现产品的艺术造型设计，以满足人的心理、生理上的要求和审美要求。当然，过分追求美学功能必然导致设备造价的大幅度提高。

二、生产产品与设备基本功能的关系

设备的性能和结构，直接依从于产品的性质。设备的基本功能取决于人们将要用它生产什么？生产多少？效益如何？可见，设备的基本功能必然要用产品的质和量来表示。一台设备，其产品的性能（质量标志）越好，数量越大，则它的基本功能就被认为越好。设备的基本功能 F 可表示为

$$F = PX \tag{3-1}$$

式中　P——产品性能；

　　　X——产品数量。

设 T_u 为设备的实际使用时间，生产出 X 件产品，那么，其设备的产品生产率 Q 为

$$Q = X/T_u$$

于是使用设备的功效 E 为

$$E = PQ \tag{3-2}$$

式（3-2）表明了设备单位时间内基本功能发挥的状况，便于判断使用它们时的效果。

在进行设备技术方案规划时，所谓不同的技术方案，是指两台（或多台）功能类似的设备，或一台设备的多种状态。技术方案的评比，也就是它们的基本功能 F 或功效 E 的比较。我们可以将 A、B 两个方案的功能比 $R_F(A,B)$ 和功效比 $R_E(A,B)$ 写成

$$R_F(A,B) = F_A/F_B \tag{3-3}$$

$$R_E(A,B) = E_A/E_B \tag{3-4}$$

多功能的通用设备，其功能或功效可用一种比较典型的产品作为当量产品来进行计算，也可以用各项功能或功效在使用期 T_u 内的代数和来表示。设 i 为使用期内通用设备分别生产不同产品的种类数，T_{ui} 为它们分别占用的生产时间，则

$$F = \sum_{i=1}^{n} P_i X_i = \sum_{i=1}^{n} P_i Q_i T_{ui} \tag{3-5}$$

$$E = \sum_{i=1}^{n} P_i Q_i \qquad (3\text{-}6)$$

以上各式中产品的性能 P 比较抽象，难以付诸运算。在我国，比较通行的办法是用货币来估量产品的性能，即将它们的价值和使用价值统一起来。做此种转换时，仅需将以上各式中的 P_i 用代表产品 i 的单价即可。

三、功能余裕和功能冗余

设备功能与生产某种产品所必需的功能之间，不存在两者恰好相等的关系。设备的用途通常超出生产某种产品的需要，而存在功能的余裕。保持一定的功能余裕，有利于提高产品的质量和扩大产品的数量；而功能不足，就不能制造预定的产品。

1. 功能余裕和功能冗余在设备管理中的作用

可以说功能余裕在大多数设备中总是存在的，这是由于：

（1）发展和开拓产品的需要　企业为拓展新产品，与其重新进行设备投资，不如事先考虑好产品发展的远景，在进行设备技术方案规划时就留有一定的功能余裕，这样做将会更省时、省钱。特别在引入竞争机制的情况下，企业不可能固守一项产品长期经营牟利。不考虑发展产品的品种系列，将是企业的死路。

（2）机械设备在设计制造中留有安全裕度　在机械设备的设计制造过程中，为设备安全使用起见，通常将计算载荷加大，将材料的许用应力缩小，保持着足够的安全系数。这正好为设备功能余裕创造了条件。

但是，设备技术规划人员不应忘记，机械设备的强度裕度是有限的，不能一味在这方面挖掘设备的潜力。当为了扩大设备功能而需要提高功率、提高转速、变化机件的受力状态时，最好对设备的关键部位和薄弱环节进行强度校核，不可贸然行事。

（3）标准化、系列化的影响　在机械设备的设计过程中，由于推行标准化、系列化的技术政策，尺寸的选取都遵循就高不就低，就大不就小的保险圆整原则，如齿轮的模数，按强度条件计算可能为 $m = 1.7\text{mm}$，实际应选用 $m = 2\text{mm}$，以符合标准模数系列。类似的情况还有零件的断面尺寸，如半径、厚度、宽度等，都应符合规范系列。

在进行设备技术方案规划时，功能余裕的存在是带有积极意义的。但认为设备的功能越多越好，那就将事情引到它的反面。须知在设备上每增加一项功能，或每扩大一项功能的幅度，都是要付出代价的。这种代价就是随着功能的增多和幅度的增大，势必使设备结构复杂，增加设备的制造和维修费用。

功能余裕的引申是功能冗余。所谓功能冗余，就是为生产某种产品而设置的设备，其功能中含有的不必要成分。功能冗余为机械设计之大忌。

现代管理技术中广为应用的价值工程（Value Engineering，VE）法，其中一个要点就是功能分析，只有将多余的功能去除才能降低成本。但是，为了提高设备的可靠性，有时又必须采用冗余技术，以期收到事半功倍之效。例如，热力发电厂的备用锅炉，长途汽车的备用轮胎，机械设备上的备用电动机等。这种平时似乎多余而急时才派用场的结构方案，在选取时也应做深入的技术经济分析。

2. 功能余裕度的选择

设备功能余裕的大小，以功能余裕度系数衡量，它反映了设备的潜力。功能余裕量是

设备可能实现的最大功能 F_{max} 与其名义功能（或额定功能）F_0 之差，即

$$\Delta F = F_{max} - F_0 \tag{3-7}$$

功能余裕量与名义功能之比，则称为功能余裕度，或功能余裕系数，用 α_F 表示，即

$$\alpha_F = \Delta F / F_0 \times 100\% \tag{3-8}$$

在考察同样的产品时，因产品性能 P 不变，功能余裕度可用生产率的相对差值来表示，即

$$\alpha_F = \frac{Q_{max} - Q_0}{Q_0} \times 100\% \tag{3-9}$$

式中　Q_{max}——设备的最大生产率；

　　　Q_0——额定（名义）生产率。

在做技术方案规划时，设备余裕度 α_F 取多大为宜？这个问题可通过以下几个方面予以解决：

1）企业决策人从远景规划出发，所预测的最大生产量 X_{max}，以及从目标利润的角度出发，计算出设备的合理使用期 T，再根据设备利用率计算设备的有效使用期 T_u，由此推算出设备应有最大的生产率 Q_{max} 为

$$Q_{max} = X_{max} / T_u$$

再应用式（3-9）估算出 α_F。

2）当机械设备已经在社会上形成了系列化生产，其转速、功率、生产率、尺寸等产品性能有关的要素，均按一定的优先系数系列分布时，客观上具备了按功能余裕量来选择设备的可能性。

我们可以把将来准备生产的产品尺寸所需的标准系列的设备，作为功能余裕的储备措施。

3）采用价值工程法分析选择。价值工程是从研究产品功能出发，利用集体的智慧，探索如何合理地利用人力资源和物力资源，提供能满足用户要求的价廉物美的产品。价值工程是由美国人麦尔斯（L. D. Miles）于1947年创立的，他根据实际经验，从研究材料代用问题开始，发展到对产品功能进行分析研究，逐渐总结出一套保证产品功能的前提下，降低成本的比较完整的科学方法。到20世纪60年代，价值工程开始传入日本等国家。现在，价值工程已被公认是一种行之有效的现代管理技术。它不仅可用于开发新产品、新工艺，也可用于专用设备的设计制造、设备更新改造和重点设备的修理组织等方面，以提高设备管理工作的经济效果。

价值工程的基本概念是，生产某种产品的价值 V 为

$$V = F/C \tag{3-10}$$

式中　F——产品的功能、功效、使用价值；

　　　C——产品的成本。

我们将这个概念引入设备的价值分析。设备的功能用它在寿命周期内生产出的产品价值来表示，则

$$F = WQT_u \tag{3-11}$$

式中　W——产品单价；

　　　Q——设备生产率；

　　　T_u——设备有效使用时间。

用设备寿命周期费用来度量成本，则

$$C = \text{LCC} = K_0 + \sum_{i=1}^{n} \int_0^{T_i} K(t)\,dt \qquad (3\text{-}12)$$

式中　K_0——设备的原始购置价值；

　　　i——预计设备将经历的大修次数；

　　　$K(t)$——设备维修费用函数；

　　　T_i——大修间隔期。

当考察设备的功能余裕时，我们是把有无功能余裕作为两种方案、两种状态来研究的。设 V_0 为无功能余裕时的价值，V 为有功能余裕时的价值，当 $V > V_0$ 时，选取有功能余裕的方案是可行的。

四、设备功能系统分析的方法

为了有利于突出设备技术方案规划的主要情节，这里着重分析设备的基本功能。分析的方法是，将设备基本功能进行分解，一个层次一个层次分解下去，基本功能称为总功能，分解出的第一层次称为一级下位功能，分解出的第二层次称为二级下位功能，直到把下位功能解析得非常简单，一眼就看出用什么样的机构或构件可实现这一功能为止。

这样，在技术方案的规划中出现了一个功能系统图，由功能系统图再向具体的物质结构形态演化，即形成初步的技术方案。

下面通过一个实例——单缸四冲程内燃机的功能系统图来说明功能的分解过程，如图 3-1 所示。

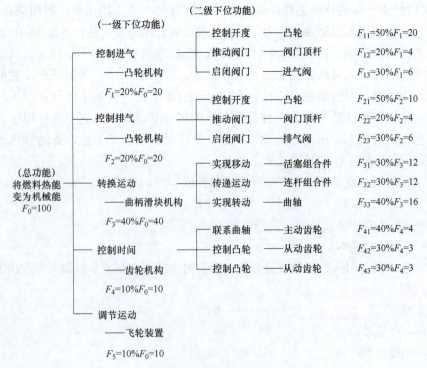

图 3-1　单缸四冲程内燃机功能系统图

功能的分解，也就是功能的设计过程。功能系统图并不是唯一的设备功能规划方案，人们的思路越宽阔、知识越广博，可能采取的方法也越多。

五、功能的评价

在将设备功能逐级分解的过程中，规划技术方案的人员应做到心中有数：哪一项或哪几项下位功能是关键性的，需要我们加倍注意，作为设备技术设计的主要矛盾去处理。

为了用量化的形式来反映功能的重要程度，可以采取权衡轻重的办法，把某项功能占总功能的百分比作为它的功能重要性系数。或将总功能的分数定为 $F_0 = 100$，再按一定的百分比逐级进行分配，这个百分比就是功能重要性的权数。

我们仍以图 3-1 为例，$F_0 = 100$，一级下位功能有五个（$F_1 \sim F_5$），其百分比如图 3-1 所示。然后再看二级下位功能，从 $F_{11} \sim F_{43}$，共有 12 个，其百分比及分数都标示在图上。我们从图中拿出 $F_{31} = 12$，说明采用活塞组合件实现移动功能占总功能的百分比为 12%，12% 就是此移动功能的功能重要性系数。

对功能的这种分级评分法非常易行，各级功能的比例系数与得分可归纳为

$$\begin{cases} \sum_{i=1}^{m} W_i = 1 \\ F_i = W_i F_0 \end{cases} \tag{3-13}$$

式中　W_i——一级下位功能的权数；
　　　F_i——一级下位功能的得分；
　　　m——一级下位功能的个数；
　　　F_0——总功能的分数。

$$\begin{cases} \sum_{j=1}^{n} W_{ij} = 1 \, (i = 1, 2, \cdots, m) \\ F_{ij} = W_{ij} F_i \, (j = 1, 2, \cdots, n) \end{cases} \tag{3-14}$$

式中　W_{ij}——第 i 个一级下位功能中，第 j 个二级下位功能的权数；
　　　F_{ij}——第 i 个一级下位功能中，第 j 个二级下位功能的得分；
　　　m——一级下位功能的个数；
　　　n——第 i 个一级下位功能分解出的二级下位功能的个数。

如果有三级下位功能分解出来的话，以此类推。为了将各项功能评价得更准确些，可以集思广益，请多人评分，再取其平均值。

第二节　设备的结构系统分析

功能系统还只是一个反映设备使用价值的概念系统，它解决了设备应该做些什么的问题，这仅是设备规划的初步工作。能否实现这些功能？怎样实现这些功能？无疑是设备技术方案中更重要、更令人关注的事情。

一、从功能概念系统到结构实体系统的可能性

对设备的基本功能进行分解和进行功能设计时，应当思路开阔，避免失去每一种可能

推出的方案。但在审查和评价一个构思出来的功能系统时,又必须以科学技术为依据,判断从功能概念系统到结构实体系统的可能性。虽然这更应该是专业技术人员的分内事,但作为设备技术规划的管理工作者,也应该了解一些。

从系统工程的观点看,将一个概念系统转变为实体系统的可能性,应具有如下两个条件:

1)功能系统图中的每一项功能,至少要对应一种能实现它的机构、零部件、元件或装置。

2)在与每一项功能相对应的机构、零部件、元件或装置之间,可以建立起保持确定运动状态的相互关系。

第一条反映了功能的现实性,第二条反映了功能的系统性。

二、设备结构系统与机械设备的技术设计

设备的结构系统是由体现其功能系统的各种实物单元组成的。因为每一项可对应着多种实物单元,所以结构系统势必出现多种方案。功能的多方案和结构的多方案两者乘积,就是为体现某种基本功能而规划的设备总的技术方案数,即

$$D = MN \tag{3-15}$$

式中　D——可能规划出的总的技术方案数;

　　　M——可以实现的功能方案数;

　　　N——可以实现的结构方案数。

设备技术方案的规划过程,当然不是到现在才来罗列这么多方案,而是在功能设计和结构设计的过程中,已逐渐将那些明显不经济、不合理和不现实的方案摒弃了,所以真正拿来评比的方案,为数不多。

结构系统的设计必须应用更多的专业技术知识,这已经属于技术设计问题了。但是,设备规划人员若不深入了解具体的结构方案,就难以做好整个设备管理工作。因为专门从事技术设计的专家,由于侧重于设备结构系统的技术问题,而忽视了设备系统与企业其他系统之间的相互联系,所以做好这种协调工作,正是设备管理工作者在规划阶段的重要任务。倘若在选择设备的维修周期时不相互协调,就会在设备系统处理故障和磨损问题上出现更大的随机性,增大设备系统的停机时间,降低设备利用率。

设备的结构系统与功能系统是一一对应的,因此,功能系统图与结构系统图便是机械设计和设备管理的纲目。至于具体的结构设计,将由专门的技术人员去完成。一台完美的设备,凝结着许多人的智慧和劳动。一个技术方案形成之后,还要在制造阶段去考验它的工艺,要经过试验去证实它的功能,要在销售、使用和维修的漫长阶段,反复考查当初技术方案规划的质量如何。

三、最佳结构系统的评价标准

设备的结构方案一经提出,就同时出现了对此结构的评价问题。在众多方案中优选出来的结构方案,应能充分体现设备的基本功能,兼顾辅助功能和美学功能。

在具体设计过程中,为了简化机构,应尽可能使承担基本功能的机构或元件,兼有一

部分辅助功能或美学功能的作用。比如汽车的罩壳，它不能算是汽车的基本功能，但它具有防尘和保护车上机构的辅助功能，而且汽车罩壳的美学功能是显而易见的。

要对已经规划出来的各个结构系统做出评价，那要考虑到影响设备的许多因素。但归纳各种因素的作用，会集中反映出下列三方面的问题。

1. 寿命周期费用最少是设备技术规划的总目标

设备的寿命周期费用由两大部分组成：

（1）购置费用 K_0　它由设备研究、设计、制造成本与销售利税所组成。

（2）役龄期使用维修费　它由使用费 K_u、维修费 K_r 和停机损失费 K_d 等构成。

寿命周期费用最少的总目标可写成

$$\begin{aligned} LCC &= K_0 + K_u + K_r + K_d \\ &= \sum K \to \min \end{aligned} \tag{3-16}$$

凡是能够降低 K_0、K_u、K_r、K_d 的措施，都具有减少 LCC 的效果，问题在于这几项费用不是互相孤立的。可见 LCC 最少的目标是一项系统工程，要使影响 LCC 的因素有一个最优化的搭配，以满足 LCC→min 的要求。

2. 正确处理创新与继承的关系

在设备技术方案规划过程中，应尽可能地采用新的工艺方法和新的科学原理，推广新技术，提高设备的工作质量和生产率。由于设备是长期使用的工具，它要经得起相当长时期内因技术进步带来的影响。所以在做技术方案规划时，除折旧期和投资回收期要求较短的设备外，一般应留有一定的功能余裕度，以适应企业的远景发展。

获得功能余裕度的途径：一是对旧原理、旧结构的挖潜，但这是很有限的；二是应用新原理、新结构，这可使设备的功能大大提高。这两种途径在设备技术方案规划中都是要考虑的，它们的本质就是对一种现有技术手段的继承和创新。举个最简单的例子，最早的平面加工机床是牛头刨床，依靠刀架横梁在床身导轨上的往复运动来实现切削加工，它的缺点是刀具空行程损失大，加工的精度和表面粗糙度都不高。于是人们发展了铣床，用连续的铣削加工来提高平面加工的效率和零件平面的质量，相对刨床来说，铣床是一种极大的创新。

但牛头刨床至今还在单件生产和维修车间中使用，因刨床结构简单，以廉取胜，并在继承和利用往复运动进行切削这一原理上，它也是有所发展的，龙门刨床以其可以进行大件或多件同时加工显示了它的优越性。

在现代工业生产中，几乎每个行业、每个部门都形成了它的工艺设备体系。在每个体系中，设备的品种、系列和数量都处于彼此协调、相对稳定、互相补充配套的状态。进行设备规划时，首先要了解和尊重这种现实。因此，先要继承现有的技术手段，在此基础上才能谈到创新。

3. 技术设计中标准化的意义和内容

标准化是在生产社会化的条件下必然产生的一种技术经济政策。它是在国家的主持下，经有关的产、供、销各方共同协商，对社会产品在规格、参数、水平、试验和工作方法等方面做出的统一的规定，使之简化，以利于获得更大的技术经济效果的手段。标准化的对象和范围，通常包括概念、实物形态、方法和程序等的标准化。对于机械设备来说，标准化的形式主要表现为产品系列化、部件通用化、零件标准化和设计方法、工艺过程的典型化。

在设备规划的技术设计中，若不注意标准化的政策，则将大大增加设备的研究和制造成本，并给今后的安装、使用维修造成巨大的困难。反之，则将极大地降低设备寿命周期费用。

自觉地遵守标准化的政策，将给设备的技术规划工作带来不少便利。例如，设备部件（动力头装置、传动装置、控制装置、变速装置等）实行通用化以后，可以组织专门化生产，提高部件质量，大大节约设计工作量和缩短设备的研制安装期。在使用维修期中，由于部件的通用化，对于维护保养，装拆更换，准备易损零部件，都十分方便。所以，设备在进行结构设计之后，必须经过标准化审查。

人们通常用标准化系数来评价一台设备的标准化程度，即

$$标准化系数 = \frac{设备中标准件数量}{全部零件数}$$

我国实行三级标准制：国家标准、部标准和企业标准。标准在生产过程中具有法律的约束力，它是产品质量、生产技术和组织管理行为的规范。

设备管理中的标准管理内容有：
1）设备及其零部件的名称、性能的标准化。
2）设备主要技术方法的标准化。
3）零部件设计方法的标准化。
4）制造、安装工艺方法的标准化。
5）设备测试方法的标准化。
6）设备使用维修标准化。
7）包装、运输方法标准化。
8）人员操作、维修培训标准化等。

标准化推行的深度和广度，是设备技术方案规划工作质量高低的重要标志，也是每个设备管理人员必备的一种基本素养。

第三节 设备的选型和购置

设备选型是设备管理的一个重要环节。新企业的建设，老企业的更新改造，都要进行设备选型；自行设计、制造专用设备，也要做方案审定。从国外引进设备，选型就更为重要。

除少数自制的专用设备外，组成设备系统的各个设备单元都是通过市场外购获得的。各种设备按照一定的品种、型号、系列被安排为社会化的生产，以满足不同用户的需要。

设备选型就是对企业所需的设备进行品种、型号和规格的选择决策，是一项技术经济性质的系统工程。

一、设备选型的一般考虑因素

设备选型的依据是满足企业生产产品的工艺要求。设备选型重点要考虑设备的使用性

第三章 技术方案的规划和评价

能、经济性、可靠性和可维修性等。

1. 设备的使用性能

设备的使用性能包括设备要满足产品生产工艺的技术要求，设备的生产率，与其他系统的配套性、灵活性，及其对环境的污染情况等。

2. 经济性

选择设备时，既要使设备的购置费用不高，又要使设备的维修费较为节省。任何设备都要消耗能量，但应使能源消耗较少，并能节省劳动力消耗。设备要有一定的自然寿命，即耐用性。

3. 设备的维修性

设备维修的难易程度用维修性表示。一般来说，设计合理，结构比较简单，零部件组装合理，维修时零部件易拆易装，检查容易，零件的通用性、标准性及互换性好，维修性就好。

4. 设备的可靠性

从广义来说，设备的可靠性指的是机器设备的精度、准确度的保持性，机器零件的耐用性、执行功能的可靠程度，操作是否安全等。

二、设备选型应与企业远景开发结合

对企业而言，产品可能在品种、性质、数量上发生改变，因此必须根据企业的目前需求和近期的、远期的发展战略，使设备选型与企业现况以及远景开发结合起来。

未来组织生产的特点是：

1）产品的生命周期越来越短。
2）生产工艺更新迅速。
3）一切可能的目标都是保障产品的竞争能力。

企业的远景开发指的是企业根据自身的设备、人员、资金和环境条件，在生产和经营方面将要采取的技术经济措施，以进一步提高企业的素质，来适应未来组织生产的特点，创造更多的企业利润。这些措施中最常见的是：

1）开发产品的品种，以及形成产品系列。
2）转换目前的产品，使之更适应市场的需求。
3）企业经营方式上的联合、合并、分营或转让。

在设备选型和购置的过程中，对于价格昂贵、高精度、高技术含量的关键设备，必须通过技术经济分析和评价，在多种设备方案中进行优选，从中确定最佳设备方案，以免设备投资失误，造成不必要的资产损失。

在规划设备的技术方案时，针对企业今后各个时期的发展目标，可将各种设备区分为四类：

1）在开发产品的品种、系列时能继续使用的设备。
2）经调整和改装后可以适应企业开发的设备。
3）不能适应企业开发而必须更换的设备。
4）待添置的新设备。

在企业设备规划时，可按设备的台数和价值两种指标，判断设备系统对企业远景目标的适应能力。

一个指标是设备的远景目标适应性系数 β_N

$$\beta_N = N_c/N_0 \tag{3-17}$$

式中　N_c——能继续使用的设备台数；

　　　N_0——现有各类设备的总台数。

另一个指标是设备的远景目标保有值系数 β_v

$$\beta_v = \frac{\sum_{i=1}^{N_c} K_{0i}}{\sum_{i=1}^{N_0} K_{0i} + \sum_{j=1}^{N_p} K_{0j}} \tag{3-18}$$

式中　K_{0i}——现有的第 i 台设备的价值（按购置价）；

　　　K_{0j}——将要添置的第 j 台设备的价值；

　　　N_p——将来预计要添置的台数。

通过以上这两个系数的同时采用，可对设备系统与企业远景开发的适应性情况有个定量的估计。

三、自制设备要考虑的问题

企业为了使产品适应市场的需要，往往要自行设计制造一些高效专用设备及非标设备，这是企业发挥设备技术优势，争取时间获得经济效益的有效途径。但在自制设备的规划和制造过程中，要考虑以下两个问题。

1. 自制设备管理内容

自制设备的管理内容包括：自制设备规划及费用预算；编制设备设计任务书；审查设计方案；样机设计、试制与鉴定；验收移交；费用核算；技术资料归档；总结评价与信息反馈等。

2. 自制设备设计时应考虑的因素

1）提高零部件标准化、系列化、通用化水平。
2）提高设备结构的维修性。
3）使用先进结构、新材料、新工艺，以提高零部件的耐用性和可靠性。
4）注意使用状态监测、故障报警和安全保护措施。
5）尽量减少设备平时的保养工作量。

设备动力部门对自制设备的规划和制造过程，要严格把关并积极参与，以确保自制设备的质量达到企业生产工艺的规定要求，并尽量降低制造成本，以取得最佳的经济效益。

四、国外引进设备的注意事项

从国外引进设备，是迅速改善和提高我国企业物质技术基础的重要途径。设备引进可分部分设备引进和设备系统的整体引进两种形式。部分设备引进比较常见，当本国无力进行配套或由于本国自己提供配套在经济上反而不利时，设备系统的整体引进才是可取的。

第三章 技术方案的规划和评价

即使是整体引进，也仍然存在设备系统与整个企业环境的配套问题。

在规划设备引进时应注意以下几个方面的问题。

1. 配套性

整体引进的配套性，指的是设备系统与企业环境的协调性。部分设备引进的配套性，还包括它在设备子系统内部的协调性。

在进行技术方案规划时，要区分设备系统是以引进设备为主还是为辅的情况。配套要有一个中心，这个中心通常是工艺过程中的关键工序。

除了设备之间的配套关系之外，还要考虑引进设备与原料、能源、人员的配套。当配套条件不能满足时，引进设备的效能便会降低，甚至体现不了它的功能。

2. 维修条件

引进设备的维修是件大事。由于我国维修体制与国外引进国的维修体制不尽相同，这就形成了引进设备维修问题的特殊性。在工业发达国家，普遍设有制造厂家开办的培训、维修中心。各种关键的、大型的、复杂的、精密的设备，均由这种维修中心根据设备诊断的信息安排修理。这样的售后服务系统，不可能随着设备的引进而带到我国来。所以，为了保证引进设备有良好的维修条件，做设备规划时就要考虑好如下几个问题：

1）详细了解引进设备的生产厂家有关设备的设计、使用、维修条件，如功能、寿命周期、安装试车条件、润滑使用注意事项、维修关键、可靠性、设备诊断、环境条件等。

2）易损件、备用件的图样、技术资料及供应情况。不少提供引进设备的国家、生产厂家或公司以配件供应和设备修理为手段，达到控制我国企业生产经营活动的目的。

3）引进设备的国外贷款条件，包括总额、利率、偿付形式、偿还期、引进设备的贷款合同、技术援助合同等。

4）与引进设备有关的人员培训问题。

3. 运输、安装、验收

引进设备的运输和安装必须严格依照提供设备一方的条件进行，在此情况下发生的设备损坏、零部件和配件丢失、贻误工期以及其他不能正常履行设备引进合同的现象，均应按合同追究责任。

企业要对引进的设备实行严格验收，如发现有整机功能缺陷、零部件损坏、误装、少装以及贻误工期等情节，可即时采取索赔措施。

4. 涉外法规

企业为引进国外设备所做的准备工作中，还应包括让有关的决策人员和工作人员了解涉外经济法规，这也是设备管理工作中应当引起重视的问题。

根据企业设备投资规划，企业需要采购国外有关设备，设备采购部门要按国外设备情况，进行市场货源调查，向设备制造商和设备经销商询价和了解供货情况，对收集到的各种报价和供货情况进行评价比较，从中选择几家较有可能购买的厂商，与其进行较为详细的磋商，最后确定一家厂商签订订货合同，由双方签章后便具有法律效用。

合同条款的签订必须符合国际经济法令的规定，必须明确表达供需双方的意见，条文清楚，表述准确，无漏洞可钻。对于可能发生的各种变动因素，应列入防止和紧急解决的方法。

设备订货合同的内容，包括设备的名称、规格、型号，设备数量和质量，价款、结算方式，合同履行期限、交货方式和地点，检验方法，以及合同违约责任和赔款金额等。

 思考题

3-1　技术方案规划的目的是什么？

3-2　叙述功能余裕的意义，功能余裕与功能冗余有何不同？

3-3　如何选择功能余裕度？

3-4　从系统工程的观点看，将一个概念系统转变为实体系统的可能性应具有哪两个条件？

3-5　优选出来的结构方案应当能体现哪些功能？

3-6　影响设备的许多因素，集中反映出哪些问题？

3-7　设备选型一般考虑哪些因素？

3-8　在规划设备引进时应注意哪些问题？

第四章

设备的安装和验收

　　企业外购或自制的设备，在生产过程中都应取得必要的空间位置，才能实现它们各自的基本功能和设备系统的整体功能。保证设备取得一定的空间位置的方法，称为安装。安装是设备管理工程中的一个组成部分，安装也是设备寿命周期中的一个阶段，其时间进程体现为安装工期，其经济支出表现为安装费用。安装工期和安装费用也是设备寿命周期优化设计、优化决策的一个因素。

　　要取得设备在空间的精确位置，安装又包含了技术问题。正确地选择和实施安装技术，是设备效用能得到可靠发挥的前提，是设备技术管理的一部分。此外，安装的效果如何，要通过设备的试运转来验证。设备试运转包括单机的试运转和设备系统的试运转，可以在无负荷和有负荷两种情况下进行。最终评判安装效果的依据，是产品的质量和生产率。

第一节　生产布局与设备安装

一、企业内部的生产布局

　　企业系统的生产力要素包括：劳动力的数量和素质，劳动工具的性能、类型和数量，劳动对象的性质和数量。企业内部生产力的布局取决于生产组织形式。

　　在生产力三要素中，劳动对象（产品）的性质和数量，一般决定了它的工艺方法和工艺过程。因此，企业内部生产力的布局问题，便以劳动对象的工艺过程为主导因素所规定。流程式的工艺过程具有时间上的连续性和生产节奏的明显性，所以它的设备布局通常是按工序先后次序采取流水方式。非流程式的工艺过程，尤以机电工业为多数，按产品的品种和数量分为单件小批生产、成批生产和大批量生产三种模式。不同的产品数量，是组织企业生产经营活动的基本依据。

　　对于非流程式工艺过程的三种不同生产组织形式，其设备的安装布局可分为以下三种形式。

1. 机群式

　　依照设备的品种、类型分区排列安装，集中调配使用。其特点是以通用性设备为主，对于产品变化的适应性强，但平时设备的功能余裕能力难以全部发挥。按机群式进行安装,有利于生产中的原料、半成品和在制品的管理,有利于通用性的工夹量具和辅具的调剂安排。这种安装形式对于组织单件、小批量生产是适应的。但它要求有技术熟练的操作人员,比较熟悉设备的技术特点,才能很好地开发设备潜力。

2. 流水线或自动流水线

按照产品工艺或工艺过程的顺序排列安装设备,以加强工序间的衔接关系,减少运输过程,消除工序间的在制品积压。这种安装布局适应大批量生产。因为流水线和自动流水线采用生产率较高的专用设备,其性能得到了充分发挥,不需要或较少需要保持一定的功能余裕度。流水线生产形式意味着加工对象在工序间的停留时间短,所以机械设备间的配置是紧凑的,不必留有较大的堆放在制品的空间。同时,它对于劳动力则需要具有较强的专门化训练,要有一批熟知整个工艺过程的管理人员和调整工,以确保流水线中各个设备环节按统一的生产节奏运转。可以预见,组成流水线的各台设备,一旦其中一台发生故障,则必将造成整条流水线的停滞。对于大批量生产来说,流水线停滞造成的停机损失是很大的,所以有必要加强薄弱环节。为了提高运行的可靠性,可采用冗余技术予以解决。

3. 可变流水线与机群混合式

这是介于前两种安装布局之间的形式,兼有机群式和流水线的特点。在成批生产中,产品的品种、数量可以变化,但工艺过程的差异不大。这时可根据被加工对象的共性,如零件加工面的几何特征相同、准确度和表面粗糙度相似、机械物理性能相近等条件,发挥工艺过程典型化的优势安排成组加工,以扩大批量。工艺过程典型化强的工序采用专用设备,工艺过程差异大的工序则采用通用设备。在设备布局上,形成半流水式与机群式的混合。所以,它对劳动力的需求,有些专业性要强些,有些专业面要广博些。

在企业进行生产时,由原料、辅料、能源等组成物资流。非流水式的生产组织方式,物资流量不均的现象较多。安装设备时,要预测最大的物资流量,并以此来设计企业内部特别是生产车间的道路布局。合理的道路布局取决于合理的设备安装。尤其是对于产品变化较多的单件小批生产和成批生产的形式,企业规划人员在安装设备时要有远见,根据企业的近期和远期发展战略,最佳地考虑设备、道路和起重运输设施的组合。

另外,在对企业内部生产力布局问题的考虑上,应事先估计到企业改造的前景,设备安装应留有今后调整的余地。

二、安装工期的时间结构

设备安装工期是寿命周期的组成部分。为了缩短安装工期,应对这一时间进程的结构做一分析。

安装过程可分为准备阶段与实施阶段。安装准备阶段的工作内容有:设备的开箱验收、了解设备的安装内容和使用说明书;研究设备安装的技术特点;准备安装所需的常用工具和专用工具;准备安装现场的环境条件(动力、电源、水源、气源、地基和基础等);试验的计量仪器;试件准备等。安装的实施阶段包括设备位置找正、基础浇灌巩固和机械设备的试运转三步。为了缩短设备安装工期,可将准备阶段和安装实施阶段的工作交叉进行。所以,可将安装工期简单地表示为三个实施阶段时间的总和。设 T_{in} 为安装工期,则

$$T_{in} = T_a + T_f + T_t \tag{4-1}$$

式中 T_a——找正设备位置的时间；

T_f——基础浇灌及凝固的时间；

T_t——试运转时间。

设备早日投产，发挥效益，可以改善企业经营的条件。特别是那些重点工程项目，早投产，早收益。但必须在保证安装质量的前提下，才能缩短安装工期。设备管理部门要严格把关，认真检验，要做到绝不让不合格的安装延续到设备的使用阶段去。

三、安装精度三要素

设备安装的目的，就是要确保基准在空间位置的准确性。机械设备安装位置不正确，不仅会使与之相连接的其他设备错位，而且会在运转中产生附加载荷，导致振动和噪声，卡死或破坏，机件加速磨损等。

安装的正确位置，由机械设备或其单独部件的中心线、水平性和标高来体现。虽然不能要求绝对准确，但对于一定性质的设备，在某个时期的技术水平条件下，应当准确到什么程度，要由相应的允许偏差去作量的规定。在允许的安装偏差内，不会严重影响机械设备的安全和连续运转，不会严重影响生产率和设备的使用寿命。

在设备安装过程中，对中心线、水平性和标高偏差进行的调整，分别称为找正、找平和找标高，这就是安装准确度的三要素。

1. 找正

安装时要找正设备中心线，机械设备上的主轴、轴承孔等精加工面都可以取作中心线的依据。

2. 找平

调整机械设备安装后的水平度，其重要性大于找正。因为相对于水平面的倾斜会直接影响设备的稳定和重心平衡。并且，具有回转运动的机械，由于倾斜，势必产生因惯性力而造成的振动。倾斜还会使润滑条件恶化，以及由于附加载荷而导致设备过度磨损，工作质量和准确度降低。

3. 找标高

标高就是安装的基准点到所测表面（或线）的高度。大型设备安装后，在运转过程中将逐步沉陷。新设备在运行一个阶段后，要定期检测各观测点标高的变化。过量的沉陷或沉陷不均，可能导致严重事故。所以，必要时需将机械设备重新解体，再予以安装。

找标高就是使机械设备的某一基准面（线）达到规定的高度。一般直接测定基准点到设备标高测定面（线）的距离来检验。

第二节 设备安装后的试运转及验收

对新设备及大修后的旧设备，在安装好后都要进行试运转，这是安装阶段的最后工作。目的在于综合检验设备的运行质量，经过磨合，使设备达到正常磨损的状态。其技术性能稳定，可以确保在运转中实现设备的基本功能。

在设备做试运转前，必须详细了解设备的图样、说明书和操作维修技术资料，制订相应的试运转制度和技术措施。试运转分为空载试运转和负载试运转两部分。

试运转的安排应遵守先空载后负载，先局部后整体，先低速后高速，先短期后长期，先简单后复杂的谨慎稳妥的原则。

一、空载试运转

空载试运转的目的是检验设备装配和安装的准确度，能否在运转的情况下保持稳定性。主要检查设备的传动、操纵、控制、润滑、液压、监测系统是否能正常发挥其功能。在试运转过程中，可以发现并消除某些隐蔽性的缺陷。空载试运转时，因设备不带负载，由于某些缺陷而产生的破坏性可以降至最小，发现危险信号时也易于制动刹车。

在试车前要做好必要的准备。现场清理，紧固件检查，润滑检查，检查供油、供水、供电、供气系统及安全装置是否完备等。

空载试运转的时间视不同设备而异。对工作时间短或有周期性停车的设备，空载运转不得低于 2~4h。对于精密和重要设备，需空载连续运转约 10h。由于空载运转发现事故而停车修理，然后重新试车，不得低于最少的试车时间标准。

设备的空载试运转起到了初期磨合的作用。磨合是否达到要求，最简便的检测方法是测试各主要运动副的发热现象。经历一段时间的空运转，一般正常的工作温度不允许超过 50℃。

二、负载试运转

负载试运转是检查设备在正式工作的运转条件下维持其功能的情况。承载能力和工作性能指标应连续试运转一段时间后确定。

负载试运转一般以设备铭牌标示的额定转速或额定速度进行，从低载荷开始逐渐增加负载，最后以超载 10%~25% 进行试运转。这个阶段主要检查动力消耗、生产率、工作速度等指标。

在负载试运转中可能发现各种故障，此时必须立即排除。例如，设备的密封性能不良，配合表面之间间隙过大、过小，温升超标，都会导致设备性能达不到要求。

设备的负载试运转，一般要稳定进行 72h 以上才能认可，然后投入正常运行。

设备负载试运转应有详细记录，包括：

1）设备本身几何准确度的检查记录。
2）一批试件产品质量的检查记录。
3）设备试运转过程中出现的故障及排除情况记录。
4）对发生故障的原因分析。
5）对于设备试运转的总结和结论。
6）试验人员及试验日期。

三、设备安装验收

设备的安装验收包括基础施工验收和设备试运转验收两部分。

设备的基础施工验收，严格按"设备安装基础施工规范"进行，要审查基础设计的图样、技术要求、备料情况、施工工艺过程及试样鉴定。检查在基础上设置的中心板和标

第四章 设备的安装和验收

高基准的准确度以及地脚螺栓孔开挖的质量。

设备试运转的最后验收，是在设备调试合格，经企业的安装、检验、设备管理和使用部门共同做出鉴定后，在有关施工质量、准确度检验、试运转记录等验收凭据齐全的情况下，填写验收移交单，并由设备管理部门和使用部门签字。

至此，企业的设备系统才算具备了合格的实物形态，可以作为企业的一个组成部分参与到生产过程中去。

第三节　设备试运转期的数据采集

在新设备安装完毕后，或者设备大修后，都要进行设备的试运转，这一期间的数据采集十分重要，这些数据的分析研究与设备以后的使用、维修、更新、改造、报废有着密切的关系。

这一期间数据采集的内容比较多，不仅仅是在计算机中填填数字而已，而是要对新设备试运转中出现的许多变化和症状，甚至是故障情况，进行透彻的分析和研究，把所有有关的数据录入计算机，作为设备档案资料之一。

下面设计了一张"设备试运转情况表"，里面涉及必要的基本内容，供使用者作为参考。

设备试运转情况表（○空载　　　　○满载）

设备名称		设备制造单位	
设备编号		出厂日期	年　月　日
试运转开始日期	年　月　日	试运转结束日期	年　月　日
试运转累计时间		试运转环境温度	
试运转中的有关参数变化	温升	振动	结构
判断参数变化是否正常			
试运转中出现的异常或故障	症状	部位	影响程度
分析问题产生原因	机械	电气	控制系统
解决问题的措施			
试运转操作人员	签名 年　月　日	数据记录人员	签名 年　月　日

在数据采集表中，出现了试运转操作人员和数据记录人员签名，这是为了确保数据采

集的真实性和可靠性而设计的。设备试运转分空载试运转和满载试运转两种情况，应分开进行数据采集，录入计算机时要用两张表格。很显然，在这两种运转情况之下，设备出现的状况肯定不会是一样的。

这里要强调一下，设备在试运转中出现的一个个故障或一个个小问题，对于设备制造单位来说，是此型设备今后改进设计的最好依据。千万不要小看设备试运转中采集的所有数据，重视它们也许可以避免设备或人员事故。对于化工流程设备来说，也许可以预防一场环境污染事件的产生。

思考题

4-1　企业系统的生产力要素是什么？

4-2　非流程式的工艺过程，按产品的品种和数量可分为哪三种生产模式？其设备的安装布局方式可分为哪几种？

4-3　叙述安装准确度的三要素。

4-4　叙述采集设备试运转中数据的重要性。

第五章

设备的使用与维护

设备的使用维修阶段，通常占设备寿命周期的绝大部分，这段时间又称为设备的服役期，服役期的年限称为设备的役龄。设备在其规划的寿命周期内，必须进行良好的保养与维修，如果保养与维修不力或不当，则很难或无法满足设备预期的使用要求。

要使设备充分发挥作用，提高经济效益，长期保持良好的性能和精度，延长设备寿命，减少故障和修理工作量，就必须对设备进行精心维护，并正确使用。

第一节 设备的使用

设备在使用过程中，由于受到各种力的作用和环境条件、使用方法、工作规范、工作持续时间长短等因素的影响，其技术状态会发生变化而逐渐降低工作能力。要想控制这一时期的技术状态变化，延缓设备工作能力下降的进程，最重要的措施就是要合理正确地使用设备。

一、合理地安排生产任务

企业在安排生产任务时，必须注意到设备的结构、性能、精度、技术要求以及适用的工作范围，要使工件的工艺要求与设备的使用规范相适应。切勿大机小用，否则不仅浪费能源，而且还难以达到工件的工艺精度要求。同时，还要防止"精机粗作"，影响精密机床的寿命。严禁超载使用，否则，不但会降低设备寿命，甚至还会造成设备和人身事故。因此，要使设备充分发挥其应有的作用，保证安全生产、文明操作，就应给设备合理地安排生产任务。

二、配备合格的设备操作人员

机器设备是科学技术的运用和体现，随着设备日益现代化，其结构原理也日益复杂，要求具有一定文化水平和技术熟练的工人来掌握使用。设备的意外损伤往往是由操作不当所引起的，企业应对操作运行人员进行技术培训和岗位职务培训。技术培训的目的在于使操作运行人员具有必要的文化技术素质，是一种基础培训；岗位职务培训是针对一定的设备、产品和生产条件进行的专门训练，使操作运行人员熟知设备的结构、性能、原理、使用维护方法，产品在某台设备上所发生的变化以及检验方法，设备的常见故障和安全操作规程等。实行考核和凭证操作的制度，是保证设备正确使用的基本要求。

实行"定机、定人、定职责"的三定制度。把设备交给生产工人，实行专人操作和维护，做到设备使用、维护和保管的职责落实到人。实行三定制度，是一条行之有效的设备管理措施。它的一般原则是：单人使用的设备由操作者负责，多人使用的设备由班、组长或机长负责，公用设备由指定专人负责。

三、设备操作的基本功培训

我国企业设备管理的特点之一，就是实行"专群结合"的设备使用维护管理制度。这个制度首先要抓好设备操作者的基本功培训，包括"三好""四会"和操作的"五项纪律"等。

1. 对设备使用者的"三好"要求

（1）管好设备　操作者应负责保养和管理好自己使用的设备，未经领导同意，不准其他人上机操作使用。

（2）用好设备　严格贯彻操作维护规程和工艺规程，严禁超负荷使用设备，杜绝不文明操作。

（3）修好设备　设备操作工人要配合维修工人修理设备，及时排除设备故障，按计划提交修理设备。

2. 对操作者基本功的"四会"要求

（1）会使用　操作者应先学习设备操作维护规程，熟悉设备性能、结构、传动原理，弄懂加工工艺和工装刀具，正确使用设备。

（2）会维护　学习和执行设备维护、润滑规定，上班加油，下班清扫，经常保持设备内外清洁、完好。

（3）会检查　了解自己所用设备的结构、性能及易损零件部位，熟悉日常点检，掌握检查的项目、标准和方法，并能按规定要求进行日常点检。

（4）会排除故障　熟悉所用设备特点，懂得拆装注意事项及鉴别设备正常与异常现象。会做一般的调整和简单故障的排除。自己不能解决的问题要及时报告，并协同维修人员进行排除。

3. 设备操作者的"五项纪律"

1）实行定人定机，凭操作证使用设备，遵守安全操作规程。

2）经常保持设备整洁，按规定加油，保证合理润滑。

3）遵守交接班制度，本班设备使用情况，应记录在案并告知下一班操作人员。

4）管好工具、附件，不得遗失。

5）发现异常应立即停车检查，自己不能处理的问题，应及时通知有关人员检查处理。

四、建立健全的设备使用管理规章制度

设备使用管理规章制度主要包括设备使用规程、设备维护规程、操作人员岗位责任

制、交接班制度和操作工巡回检查制度等。正确地、严格地执行这些规章制度，是合理使用设备的重要措施。设备管理人员应该在规章制度的制订、完善，以及执行情况的落实方面多下功夫。规章制度的建立，一方面参照《全民所有制工业交通企业设备管理条例》进行；另一方面要结合当今设备现代化管理的要求，与时俱进，开拓创新。

五、为设备创造良好的工作环境

要使设备能长期地正常运转，保持良好的性能、精度，延长寿命，保证安全生产，还需将设备处于良好的工作环境下工作。也就是要求周围环境整齐、清洁；并根据设备本身的结构、性能、精度等特性，安装有防振、防腐、防潮、防尘、防冻、恒温、保暖等防护装置。此外，还需配备必要的测量、检测、控制、分析以及保险用的仪器、仪表、安全保护装置，这对精密、稀有、复杂的国外进口贵重设备尤为重要。

第二节　设备的维护

设备维护工作是设备管理中的一个重要环节，是操作者的主要工作内容之一，因此要负一定的责任。一台精心维护的设备往往可以长期保持良好的性能而不进行大修，如忽视维护，就可能在短期内夭折，甚至发生事故。因此，要使设备长期保持良好的性能和精度，确保正常运转，延长使用寿命，减少修理次数和费用，提高产品质量，保证生产的顺利进行，就必须经常注意维护工作。特别是对关键设备的科学维护，直接关系到企业的经济效益和生产安全，因而对维护管理工作提出了更高的要求。

一、设备维护的四项规定要求

1. 整齐

工具、工件、附件放置整齐，工具箱、料架应摆放合理整齐，设备零部件及安全防护装置齐全，各种标牌应完整、清晰，线路、管道应安装整齐、安全可靠。

2. 清洁

设备内外清洁，无油垢、锈蚀、无铁屑物；各滑动面、齿轮无碰伤；各部位不漏油、不漏水、不漏气、不漏电；设备周围地面经常保持清洁。

3. 润滑

按时按质按量加油和换油，保持油标醒目；油箱、油池和冷却箱应清洁，无铁屑杂物；油壶、油枪、油标、油嘴齐全，油毡、油线清洁；油泵压力正常、油路畅通，各部位轴承润滑良好。

4. 安全

实行定人定机和交接班制度；掌握"三好四会"的基本功，熟悉设备结构，遵守操作维护规程和"五项纪律"；合理使用，精心维护，监测异状，不出人身和设备事故，确保安全使用。

二、设备维护的类别和内容

设备维护工作有日常维护保养和定期维护保养两类。

1. 日常维护保养

设备日常维护保养包括每班维护保养、周末和节假日维护保养两种，均由操作者负责进行。每班维护保养，要求操作者在每班生产中必须做到：班前对设备各部位进行检查，按规定进行加油润滑。班中要严格按照操作维护规程使用设备，时刻注意其运行情况，发现异常要及时处理。不能排除的故障应通知维修工进行检修，维修人员应在"故障修理单"上做好检修记录。下班前应对设备进行认真清扫擦拭，并将设备状况记录在交接班记录本上，办理交接班手续。周末和节假日维护保养，主要是指在周末和节假日下班前对设备进行较为彻底的清扫、擦拭和涂油，并按设备维护"整齐、清洁、润滑、安全"的四项要求对机床、工件、工装进行全面整理，并彻底做好周围环境卫生工作。

日常维护保养是设备维护的基础工作，因此必须做到经常化、制度化和规范化，这是确保设备具有良好技术状态和延长设备使用寿命的基本保证。

2. 定期维护保养

定期维护保养是在维修人员辅导配合之下，由操作人员进行的定期性保养工作。这是由设备主管部门以计划形式下达执行的任务。定期维护近似于小修，维护周期视不同的设备而异，一般为 1~2 月，或实际开动时间达 500h 左右。定期维护的内容包括保养部位和重点部位的拆卸检查，对油路和润滑系统的清洗和疏通，调整各检查部位的间隙，紧固各部件和零件，以及对电气部件的保养维护等。定期维护保养可分一级保养、二级保养和三级保养。

（1）一级保养　两班制连续生产的一般设备 3 个月进行一次。主要内容：对设备部件进行清洗、润滑，检查零部件和油路状况，调整某些部位可能产生的间隙，紧固已松动的螺钉，清洗或更换滤油器、油毡，清洗冷却液箱，更换冷却液，清洁、检修、调整电气线路及装置。

（2）二级保养　两班制连续生产的一般设备每年进行一次。主要内容：进行内部清洗，更换润滑油，对设备进行局部解体和调整，检修油路、气路、冷却液等系统，更换某些零件、元器件，更换易损件。

（3）三级保养　两班制连续生产的一般设备 3 年进行一次。主要内容：对设备主体部分进行解体，检查和调整零部件，更换一些磨损零件，对主要零件的磨损情况进行测量、鉴定，排除故障，清除隐患。

操作维护制度是设备管理中一项重要的软件工程，因行业、企业和设备而异。没有通用的、一成不变的模式。任何一种维护制度，都要具有群众基础，才能真正付诸实施。

3. 大、精、稀、关键设备的维护与保养

由于大、精、稀、关键设备的价格一般都比较昂贵，而且是企业组织生产经营的重要物质技术基础，因此，对这些设备的使用和维护保养除保证一般设备的各项要求外，还应有以下的特殊要求。

1）实行定人定机制度，挑选本工种责任心强、技术水平高且实践经验丰富的工人操作；专门配备大、精、稀、关键设备的设备检修人员；选用最合适的维修方式，包括定期检查、状态监测、精度调整及修理等，根据供应情况确定备件储存定额，优化储备。

2）要严格按使用说明书上的规定安装调试设备，并要求每半年检查调整一次安装水平与精度，做好详细记录，存档备查；对环境有特殊要求（恒温、恒湿、防振、防尘等）

的设备，应采取相应措施，确保设备的性能和精度不受影响；要严格按使用说明书上规定的加工工艺进行规范操作；严禁超负荷超性能使用，严禁作粗加工使用；附件和专用工具应有专用柜架搁置，保持整洁，不能损坏和丢失。

三、设备维护的目标管理体系

将目前广为推行的目标管理方法用于企业的设备维护工作，能够大大提高设备系统的管理水平。目标告诉员工需要做什么以及需要多大的努力，让员工带着目标工作是企业工作激励的一个主要方法。目标管理正越来越成为一种受欢迎的企业管理方法。

目标管理为企业提供了实践目标设置理论的工具。目标管理（Management by Objectives，MBO）是管理大师彼得·德鲁克（Peter Drucker）在 1954 年出版的《管理的实践》一书中提出来的，是他对管理学的一项主要贡献。目标管理强调把组织的整体目标，转化为组织单位和个人的具体目标。

目标设置理论是美国心理学家爱德温·洛克（Edwin Locke）在 1968 年提出来的。目标设置理论认为，指向目标的工作意向是工作激励的主要源泉。目标设置理论表明，具体的目标能够提高绩效。对于个体员工来说，目标管理提供了明确的个体绩效目标，因此，每个人对他所在单位的绩效都可以做出明确而具体的贡献。如果单位内所有的人都实现了他们的目标，那么他们单位的目标就能实现，组织的总体目标也就能实现。

<u>目标管理的基本原理是</u>，在一个企业为之努力奋斗的总目标下，根据组织机构的层次，将总目标逐级分解，下级的奋斗目标成为上级目标待以实现的保证，这样，各级都能明确自己在为实现总目标而努力工作时的职责范围，使组织的目标具有可操作性。

目标管理包括：目标的制订、分解；目标实现的时间规划和措施；目标管理的检查评比等内容。目标管理为组织正确评价个人工作绩效提供了依据，使组织能够根据目标完成情况而不是仅仅根据管理者的主观印象来对个人工作进行评价。开展目标管理活动，是为了对现状加以改善，在现有基础上进行提高，以达到不断提高企业经营管理水平的目的。

图 5-1 所示为目标管理层次的示意图，R 为设备可靠度，C 为产品成本。

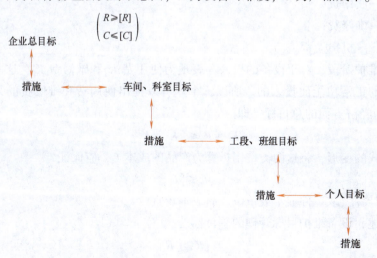

图 5-1　目标管理层次示意图

从图 5-1 可见，企业的总目标经车间、科室、工段、班组，逐级落实到个人，为实现这一总目标而采取的措施，则由下级作为自己的目标去奋斗。为了便于检查，措施应该包含定量、定时的成分。

1. 设备维护总目标的选择

首先，设备维护的目的在于确保设备系统在生产过程中正常发挥它的基本功能。由于设计、制造、安装、使用中的种种原因，导致某些设备的故障，暂时丧失了它们的基本功能。关键设备的故障对系统的影响尤其大。也正是根据故障对系统功能影响的程度大小，我们才能将设备区分为一般设备和关键设备。有些一般设备发生故障，并不导致系统的丧失。比如，在一个按机群式布局的车间，其中某一台车床发生故障，不能工作，但其他车床还是完好的，只发生了需要调整生产任务的分配这种局部问题。但一个发电厂中主设备之一的发电机发生故障，则整个生产流程就不能继续进行。这样看来，用设备系统的功能状况作为设备维护的总的技术目标是适宜的。

其次，不论进行维护或维修，都需要支付设备系统的维护和维修费，也就是为保持设备系统的功能所必须支付的代价。所以，设备维护还必须有一个总的经济目标。

一个技术目标，一个经济目标，它们共同反映了企业设备维护的总目标。

我们把安装后的设备在规定时间内保持其功能的能力，称为设备的可靠性。可靠性的定量表示是可靠度，其定义为：系统、设备、零部件等在规定条件下和规定时间内能够实现其功能的概率。因为概率是指某些随机事件出现的可能性，用 R 表示可靠度，故有 $R \leq 1$。

设备系统维护的技术性总目标是允许的最低可靠度 $[R]$，即在规定时间内，针对一定的产品，应保证设备系统的可靠度满足

$$R \geq [R] \tag{5-1}$$

关于设备维护在经济方面的总目标，可以从寿命周期费用的组成中得到启发。

$$\text{LCC} = K_0 + K_u + K_r + K_d = \sum K \tag{5-2}$$

式中　K_0——购置费（原值）；

　　　K_u——使用费；

　　　K_r——维修费；

　　　K_d——停机损失费。

在使用维护阶段，对于设备的投入，表现为使用费 K_u 和维修费 K_r，这两项费用都是为保持设备的正常功能而投入的。所以，企业可以提出使用费和维修费的某个最低指标 $[K_u + K_r]$ 为经济方面的总目标，即

$$K_u + K_r \leq [K_u + K_r] \tag{5-3}$$

作为上式的变形，将这两类费用折算为产品的成本 C，应保证

$$C \leq [C] \tag{5-4}$$

为便于计算，取单件成本或单位产品成本较宜。

据上所述，设备维护目标管理的总目标是

$$\begin{cases} R \geq [R] \\ C \leq [C] \end{cases} \tag{5-5}$$

2. 有关目标分解的简述

设备系统维护的总目标按式（5-5）确立后，需按企业的组织形式层层分解。这里要根据具体情况做详细的分析研究，才能使这一总目标落实。

首先，把允许的 $[R]$ 向占有设备的生产车间进行分配，提出各车间哪一个层次、哪一个系统应当确保的目标。将 $[R]$ 分配到车间、班组和单台设备上去，分解的过程如图5-2所示。

其次，在制订出科学的劳动定额、原材料和辅料定额、能源消耗定额以及逐级的生产计划和工作计划的基础上，必须认真进行企业内部的成本核算，将产品的总成本摊到各车间、科室、部门和个人。成本的分解与可靠度的分解相类似，如图5-3所示。

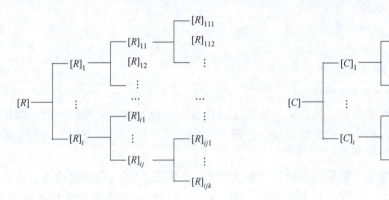

图5-2　可靠度分解　　　　　　　图5-3　成本分解

将 $[R]$ 和 $[C]$ 的分解和分配值回归到图5-1上，就形成了企业的设备维护目标管理体系。

3. 目标管理的检查

企业的设备主管部门，应经常对各级组织和个人所承担的设备维护目标和措施进行检查。经常性的检查可以防止出现个别薄弱环节对全系统的不良影响和意外，阶段性的检查则是进行评比的基础。

在我国的企业中，除了操作人员的日常维护和定期维护以外，还有专业人员的区域维护，即由厂、车间、工段的设备员、安全员、维修人员等进行的分片、分段的区域维护。区域维护制度正好与上述目标分解的层次相适应。所以，进行设备维护的目标管理，使许多行之有效的管理体制更具体、更完善。

第三节　设备功能检查

设备的技术状态如何，需依据功能检查得知。通过功能检查，可以判定是采取维护保养措施，还是要进行某种层次的修理（小修、中修和大修），或者进行更新报废。所以，设备功能检查如医生对病人的诊断一样，是决定设备维修类别、维修项目和维修工作量的依据。

设备功能检查可按不同的方式来分类：
1）按检查周期可分为随机检查和定期检查。
2）按检查项目可分为性能检查和精度检查。

3）按检查方法可分为停机静态检查和不停机动态检查。

4）按检查手段可分为一般检查和设备诊断仪器检查。

对于设备功能的状况，直接感知的是操作运行人员。所以，由操作运行人员对设备进行日常点检，是设备维护的第一步，也是进行次数最频繁、信息最多最快的一种形式。日常点检主要包括设备的下列部位：

1）直接与产品质量有关的工作部位。

2）设备的保险、保护装置。

3）设备的调整、控制部位。

4）容易磨损的零部件。

5）容易堵塞、卡死和污染的部位。

6）在运行中应力状况最差的零部件。

7）设备功能状况的指示装置。

8）经常出现不正常现象的部位。

在点检中发现的异常现象，操作人员不能迅速排除时，应及时报告车间和厂一级的专业维护人员，以便深入检查，采取防治措施。设备的定期检查是在点检基础上以专业检修人员为主进行的。

在设备功能的检查中，最重要的内容是精度检查。对机械设备进行精度检查，并定量地予以评价，是设备维护工作中的重要信息。由于在安装和使用过程中发生机械的磨损，原来测定的精度处于变化之中。因为影响磨损的因素很多，有些属于正常磨损，有些属于随机的偶发性因素造成的磨损，所以精度降低的规律性很难掌握。这样，就使精度检查成为不可少的维护工作。

设备综合精度指标可用设备精度指数 T_m 表示

$$T_m = \sqrt{\frac{\sum (T_p/T_s)^2}{n}} \tag{5-6}$$

式中　T_p——精度实测值；

　　　T_s——精度容许值；

　　　n——测定精度的项目数。

T_m 越小，说明设备的精度越高。国外许多企业在验收设备时的取值范围是：

新设备验收条件为 $T \leq 0.5$；

大修后验收条件为 $T \leq 1$。

当 $2 < T < 2.5$ 时，设备应进行修理；当 $T > 3$ 时，设备需大修或更新。

上述取值范围仅供参考，特别是机床以外的其他设备，应由各行业和企业从实践中总结出各自适宜的精度指数范围。

第四节　设备的磨损与润滑管理

一、摩擦与磨损的概念

当两物体表面接触并发生相对运动时，接触表面会由于接触点弹塑性变形的存在而产生阻止这种相对运动的效应,称为摩擦。摩擦将影响和干扰系统的运动和动力特性,使系统部分能量转换为热量和噪声。

根据接触表面润滑的情况,摩擦分为干摩擦、半干摩擦和液体摩擦三种形式。零件相互摩擦,其接触表面产生尺寸、形状和表面质量变化的现象,称为磨损。磨损是设备失效最主要的原因之一。

磨损是伴随摩擦而产生的。按照磨损破坏的机理,可分为黏着磨损、磨料磨损、腐蚀磨损、微动磨损、表面疲劳磨损、冲蚀磨损等多种形式。

摩擦学是设备润滑工作的理论基础。这门新兴的机械工程学科专门研究摩擦和磨损的机理,提出科学的润滑方法。摩擦是现象,磨损是结果,润滑是控制摩擦、磨损的有效手段。

二、润滑的基本知识

在相互接触、相对运动的两固体摩擦表面间,引入润滑剂(流体或固体等物质),将摩擦表面分开的方法称为润滑。

润滑剂能够牢固地吸附在机器零件的摩擦面上,形成一定厚度的润滑膜。当摩擦副被润滑膜隔开时,它们在做相对运动时就不会直接接触,使两摩擦副之间的摩擦转变成润滑剂本身的内摩擦。这样,摩擦系数大大减小,达到减少摩擦、磨损的目的。

根据润滑膜在摩擦副表面的润滑状态分有:干摩擦、流体润滑、边界润滑和混合润滑。

根据摩擦表面间所产生压力膜的条件分有:液体或气体动力润滑和液体或气体静压润滑。

根据润滑剂的物质形态分有:气体润滑、液体润滑、固体润滑和半流体润滑。

三、设备润滑的作用

1. 冷却散热

摩擦表面长时间摩擦会导致摩擦面发热,若没有冷却势必烧坏橡胶密封圈、轴瓦或轴承等机械零件,温度升高还可能导致黏着磨损和加剧腐蚀磨损,造成设备事故而停产。采用适当的润滑方式,就可以带走热量,起到有效的冷却作用,保护设备。

2. 密封和保护

润滑油和润滑脂能够隔离潮湿空气中的水分、氧和有害介质的侵蚀,这对于腐蚀磨损比较突出的冶炼厂、化工厂和矿山设备尤为重要。对于动力机械的气缸与活塞,润滑油既能起到润滑减摩作用,而且还有增强密封的效果,使其在工作中不漏气,提高工作效率。

3. 洗涤污垢

摩擦副在运动时产生的磨粒或外来的杂质、尘砂等,都会加速摩擦表面的磨损。强制的液体循环润滑可以将摩擦表面间的磨粒带走,从而减少或避免磨粒磨损。

4. 减少磨损

润滑的基本作用是通过产生的润滑膜,避免或减少两运动件之间的摩擦,降低零件的磨损消耗。

四、运动副的润滑方式

运动副的润滑方式有循环供油润滑,间歇加油润滑,油芯、油毡、油标的滴油润滑,飞溅、油雾润滑以及油脂集中或分散润滑等。显然,润滑方式与润滑剂的选择很有关系。选择时要考虑摩擦面的运动速度、载荷的大小、方向及性质,工作温度,工作环境,运动副的材料、间隙、位置、表面粗糙度等。

五、润滑管理的基本要求

做好润滑工作是全员设备管理的重要一环。润滑管理的组织机构是否健全,是润滑管理工作能否顺利进行的关键。这一工作要由操作运行人员与专业维修人员共同努力、互相配合才能做好。

润滑管理的基本要求有:
1) 建立健全的润滑管理组织和规章制度。
2) 编制设备润滑技术资料(润滑系统图,清洗换油操作规程,润滑剂的种类、标准、检验、定额以及换油周期等)。
3) 编制设备系统中各台设备的清洗油计划。
4) 润滑状态的日常检查。
5) 润滑事故的处理。
6) 废油脂的回收和再生利用。
7) 新的润滑剂和润滑技术的学习和推广。

我国普遍实行的"五定、三过滤"管理制度,要求润滑工作要定员、定质、定量、定期、定人;领油、转桶和加油时坚持过滤措施。

对润滑材料的管理要严格,油库做好化验、保管、防火、收发、回用等各种工作。

第五节 设备维护的技术经济指标

从企业的某个部门、车间来说,设备维护工作的好坏,主要反映在经济效益指标上。这里有两个计算公式,可用来考核某个部门、某个车间的设备维护是否达到预期的目标。

$$设备维修效益 = \frac{产品生产量}{设备维修费用} \tag{5-7}$$

$$设备综合效益 = \frac{设备寿命周期内的输出}{设备寿命周期费用} \tag{5-8}$$

第六节 设备维护中的备件管理

在设备维修工作中,为缩短设备修理的停歇时间,根据设备的磨损规律和零件使用寿命,将设备中容易磨损的各种零部件,事先加工、采购和储备好,这些事前按一定数量储备的零部件的管理,称为备件管理。

一、备件管理的主要任务

1）建立相应的备件管理机构和必要的设施，科学合理地确定备件的储备品种、储备形式和储备定额，做好备件的保管应急工作。

2）及时有效地向维修人员提供合格的备件，重点做好关键设备备件供应工作，确保关键设备对维修备件的需要，保证关键设备的正常运行，尽量减少停机损失。

3）做好备件使用情况的信息收集和反馈工作。

4）在保证备件供应的前提下，尽可能减少备件的资金占有量。

二、备件管理的工作内容

1）备件的技术管理。技术基础资料的收集与技术定额的制订工作。

2）备件的计划管理。备件由提出自制计划或外协、外购计划到入库这一阶段的工作。

3）备件的库存管理。从备件入库到发出这一阶段的库存控制和管理工作。

4）备件的经济管理。备件的经济核算与统计分析工作。

思考题

5-1 为控制设备使用期的技术状态变化，延缓设备工作能力下降的进程，最重要的措施是什么？其具体内容包括哪些？

5-2 设备维护的四项规定要求是什么？

5-3 叙述设备维护的类别和内容。

5-4 设备维护目标管理的总目标是什么？用公式表示并加以文字说明。

5-5 叙述设备功能检查的分类情况。

5-6 设备综合精度指标可用什么来表示？说明公式中符号的意义。

5-7 叙述设备润滑的作用。

5-8 根据润滑剂的物质形态叙述润滑分类情况。

5-9 运动副的润滑方式有哪些？

5-10 备件管理的主要任务有哪些？

第六章

设备故障和诊断

故障是设备在寿命周期过程中必然要发生的现象，它使设备暂时或永久地丧失其功能。由于外部环境和内部自身的原因，设备的自然磨损不可避免，加上操作使用中的偶然性失误，都会造成设备的故障。本章主要概述设备故障分析和设备诊断的一般性原理。

现代科学技术创造了结构上日益复杂的设备系统，它们的生产率和自动化程度越高，发生故障时带来的损失就越大。现代化的设备对安全性和可靠性提出越来越高的要求，特别是在航天、航空、航海、核工业部门中，许多设备的故障如果不能事先发现并加以预防，一旦发生设备事故后果不堪设想，将会造成人员伤亡甚至严重的环境污染。工矿企业的高压容器、锅炉、大型球罐，发生爆炸破裂而造成的严重后果有目共睹。在现代化设备中，要做到不出事故是很难的，问题是应该努力争取做到故障早期发现，防患于未然。

通过对故障产生机理的了解，人们一方面从设备的设计、制造、安装、维护过程中尽量寻找减少和延迟故障事件的办法。另一方面，又从设备状态监测和设备故障诊断中，努力提高故障发生的预知性，以便采取适当的措施，在考虑故障的条件下力求设备的寿命周期费用最省，提高设备的效益。

设备故障诊断技术不仅在设备使用和维修阶段中使用，而且在设备设计、制造过程中也要为设备今后的监测和维修创造有利条件。因此，设备故障诊断技术应贯穿到设备设计、制造、使用和维修的全过程。

第一节 故障的概念

故障理论是近年来形成的一门新兴学科，它包括故障统计分析和故障物理分析两方面。前者是应用可靠性理论从宏观现象上，定性和定量地分析故障过程的模型、特点和规律性。后者则采用先进的测试方法和物理化学方法，分析设备的劣化、损坏过程，从微观的角度具体研究故障机理、形态和发展规律性。

一、故障的定义

故障、异常、缺陷等都是反映设备技术状态不良的术语，在实际工作中往往很难确切地加以区别。故障的一般性定义：设备在规定时间内、规定条件下丧失规定功能的状况称为故障。通常这种故障是由某一机械方面的零部件或者某一电气方面的元器件失效而引起的。设备故障与设备可靠性的含义正好相反，但两者都是设备质量的时间性和综合性指标。

关于设备的病态，要区分失效与故障这两种语义相近的概念。通常失效泛指一种物品丧失其规定功能的情况，而故障则指设备某些功能的丧失。大多数设备的故障可以通过维修方式，使功能得以恢复。

二、设备的可靠度与故障率

设备的可靠度是指在规定条件下和规定时间内能够实现其功能的概率，用 R 表示。因为是时间的函数，所以又可以写成 $R(t)$，并且 $0 \leq R(t) \leq 1$。

故障是可靠的反义词。一台设备或一个设备系统，要么处于可靠状态，要么处于故障状态。这两种状态都是随机出现的，互为反义事件。因此，若设 $F(t)$ 为不可靠度，或称为累积故障概率，应有

$$R(t) + F(t) = 1$$

或

$$F(t) = 1 - R(t) \tag{6-1}$$

$F(t)$ 对时间的导数，称为故障概率密度函数，即单位时间内发生故障的概率。

$$f(t) = \frac{\mathrm{d}F(t)}{\mathrm{d}t} = -\frac{\mathrm{d}R(t)}{\mathrm{d}t} \tag{6-2}$$

因为

$$R(t) = 1 - F(t) = 1 - \int_0^t f(t)\mathrm{d}t$$

所以

$$R(t) = \int_t^\infty f(t)\mathrm{d}t \tag{6-3}$$

为了研究设备系统在时间为 t 时尚未发生故障，但在随后的 $\mathrm{d}t$ 时间里就可能发生故障的可能性，提出故障率 $\lambda(t)$ 的概念，它是在 $\mathrm{d}t$ 时间内可能发生故障的条件概率，即

$$\lambda(t) = \frac{f(t)}{R(t)} = -\frac{\mathrm{d}R(t)}{\mathrm{d}t}/R(t) \tag{6-4}$$

式（6-4）可解得故障率与可靠度的关系为

$$R(t) = \mathrm{e}^{-\int_0^t \lambda(t)\mathrm{d}t} \tag{6-5}$$

当 $\lambda(t) = \lambda$（常数）时，式（6-5）为

$$R(t) = \mathrm{e}^{-\lambda t} \tag{6-6}$$

三、设备的典型故障率曲线

出现故障的绝大多数机械设备是可以修复的，也就是说，通过维修可以局部或全部恢复它丧失的功能。通过大量的实践证明，可维修设备的故障率 $\lambda(t)$ 随着设备使用期的延续，而呈现三个不同趋势的阶段。典型的故障率分布曲线是图 6-1 所表示的浴盆曲线（Bathtub Curve），它将使用维修期间的设备故障状态分为三个时间。

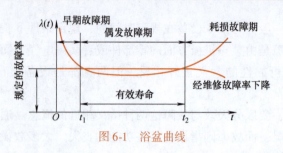

图 6-1　浴盆曲线

1. 早期故障期（$0 \leq t < t_1$）

这一时期的特点是故障率由高到低，故障是由于设计、制造、装配等缺陷以及操作不熟练等原因造成的。随着故障的排除，故障逐步减少。早期故障相当于设备的安装试车阶段，经过磨合、调整，设备将进入正常工作阶段。当设备进行大修理或技术改造后，早期故障期将再次出现。

2. 偶发故障期（$t_1 \leq t < t_2$）

这一时期的特点是故障基本保持不变，即 $\lambda(t) = \lambda$（常数），其可靠度 $R(t)$ 是指数分布。在偶发故障期，故障是随机产生的，多数由于设备零件某些无法预测的缺陷所引起。因为设备保养工作随时将这些故障排除，此时期成为设备的最佳工作期，这对应着设备的正常磨损阶段。

3. 耗损故障期（$t_2 \leq t \leq T_i$，T_i 为两次大修间的正常工作时间）

这段时期的特点是设备故障率急剧升高。由于大多数零部件经过长期的运转，磨损严重，增加了产生故障的机会。因此，应在这一时期出现前不久，进行预防维修，或在这一时期刚出现时，进行设备小修，可以防止故障大量涌现，降低故障率和维修工作量。

四、故障的分类

将故障进行分类，便于估计一个故障事件的影响深度，分析故障发生的原因，从而采取相应的有效对策。通常，机械设备的故障可分为间断性故障和永久性故障两大类。对于永久性故障，按不同方法还可细分。

图 6-2 列出了按不同分类方式对机械设备的故障分类情况。

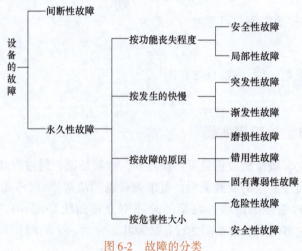

图 6-2　故障的分类

间断性故障又可称为临时性故障，经过一定时间后故障能自行消失，它多半是由于设备系统外部原因所引起的，如工人误操作、气候变化、运输条件中断、环境设施不良等造成的故障。当这些外部干扰消除时，设备的运转即可正常。但临时性故障有时也可能导致永久性故障，如在电厂用电系统中发生鼠害，由瞬时接地造成短路故障，最终导致供电中断甚至电气设备损坏的永久性事故。

永久性故障，使设备丧失某些功能，直到出故障的零部件更换或修复，功能才能恢复。

渐发性故障，是能通过测试早期预测的故障，它也可以引发突发性的故障。最常见的是机件磨损的积累导致设备精度丧失，到某一界限时会产生突发性的故障。例如，轴承磨损后导致轴系部件运转时的振动，最终爆发为轴的断裂。

错用性故障，是指设备没有按照原设计规定的条件运转。超载、超速、超时、工作条件发生未料及的恶化等原因，都会导致错用性故障。

固有薄弱性故障，往往源于设计阶段。因对设备工作条件估计不足，而选用的材料性能偏低，计算载荷偏小等，都会造成设备强度的先天不足。

危险性故障，如原设计的保护系统在需要动作时却发生故障，丧失保护作用；造成人身及工件损伤的设备故障；牵引系统的制动故障。

安全性故障，如不需要保护系统发挥作用而作用时造成的故障；机床起动时故障造成不能开车；牵引系统不需要发生制动而发生制动时造成的故障。

第二节　故障的典型模式和原因

设备的故障必定表现为一定的物质状况特征，这些特征反映出物理的、化学的异常现象，它们导致设备功能的丧失。我们把这些物质状况的异常特征称为故障模式。

研究各种故障模式，分析故障产生的原因、机理，记录故障现象和故障经常出现的场合，采用有效的监测方法，并提出避免的措施，这是设备故障研究的主要任务。

一、机械设备中常见的故障模式

实际工作中常见的故障模式大致有如下 18 种：异常振动、磨损、疲劳、裂纹、破裂、过度变形、腐蚀、剥离、渗漏、堵塞、松弛、熔融、蒸发、绝缘劣化、异常声响、油质劣化、材质劣化、其他。

上述这些故障可按以下几方面进行归纳：

（1）属于机械零部件材料性能方面　疲劳、断裂、裂纹、蠕变、过度变形、材质劣化等。

（2）属于化学、物理状况异常方面　腐蚀、油质劣化、绝缘绝热劣化、导电导热劣化、熔融、蒸发等。

（3）属于设备运动状态方面　异常振动、渗漏、堵塞、异常声响等。

（4）多种原因的综合表现　磨损。

不同类型企业、不同种类设备的主要故障模式和各种故障出现的频数，有着明显的差别。对于机械制造行业来说，振动和磨损则是利害攸关的大事。对于石油、化工设备，渗漏问题极其敏感。

通常，回转机械的主要故障模式是异常振动、磨损、异常声响、裂纹、疲劳；而静止设备的主要故障模式是腐蚀、裂纹、渗漏。

二、故障产生的原因

故障分析的核心问题是要搞清楚产生故障的原因和机理，否则，就不可能制订消灭故障的有效对策。

产生故障的原因有硬件方面的，也有软件方面的，或者是硬件与软件不匹配等。故障的发生受空间、时间、设备故障件的内部和外界多方面因素的影响，有的是某一种因素起主导作用，有的是几种因素综合作用的结果。

产生故障的主要原因大体有以下四个方面。

1. 设计不完善

在机械设备技术方案的规划设计过程中，由于对设备的功能设计不正确或不完善，设备在生产中不能很好地适应产品加工的需要，造成实际的使用条件与原规划的使用条件相差甚远，导致设备工作时发生超载，零件所受的应力过高或应力集中，就有可能突破强度、刚度、稳定性等许用条件，形成故障。

设计不完善的主要表现和最为常见的是：有相对运动零件的材料配合和润滑方式选择不当，对使用条件和环境的影响考虑不周。

2. 原材料的缺陷

零部件材料选用不符合技术条件，材质不符合规定的标准，铸、锻、焊件本身存在缺陷，热处理变形或留下缺陷，是产生磨损、腐蚀、过度变形、疲劳、破裂等现象的主要原因。

3. 制造过程中的缺陷

从毛坯准备、切削加工、压力加工、热处理、焊接和装配加工，到机械设备完成在机制工艺过程的每道工序中，都有可能积累应力集中，或产生微观裂纹等缺陷，经装配使用时才在工作状态下显现出来。

4. 运转过程中的问题

运转过程中没有预料到的使用条件变化，如出现过载、过热、高压、腐蚀、润滑不良、漏电、漏油、操作失误、维护修理不当等，都会引起设备故障。

以上进行故障分析时，大多强调设备物质形态方面的原因。事实上，由于管理混乱和管理不善带来的故障，约占故障总数的30%～40%。随着科学技术的进步，人们对设备故障的分析不再仅仅停留在硬件形态的方面，而开始重视起软件缺陷造成的故障分析，例如，人的素质、操作技能、管理制度等。

第三节　故障分析与改进管理

在故障管理工作中，不仅要对每一项具体的设备故障进行分析，查明故障发生的原因和机理，并应采取预防对策，防止重复出现，同时还必须对企业全部设备的故障基本状况、主要问题、发展趋势等有所了解，找出管理工作中的薄弱环节，采取针对性的措施，预防或减少故障，改善设备的技术状态。因此，对故障的统计分析是故障管理工作中必不可少的内容，是制订管理目标的主要依据。

一、故障信息数据的收集和统计

故障管理的信息资料，一般包括：

（1）故障对象（系统、设备、部件）的识别数据　设备种类、编号、生产厂家、出厂日期、使用经历等。

（2）故障识别数据　故障类别、发生时间、发现时状况等。

（3）故障鉴定数据　故障现象、故障原因、寿命、测试值等。

（4）有关故障设备的历史资料。

收集资料的注意事项：

1）目的性要明确，收集的信息数据要对故障管理有用。

2）要按规定程序和方法收集数据。

3）记录的情况和数据，要清楚、准确无误。

4）计算损失费用的方法和标准要统一，否则没有可比性。

5）资料收集人员应对收集的资料真实性负责。

故障统计作为控制故障停机的基本手段，已为广大设备工作者所熟知，也早已成为我国设备传统管理中的一项内容。而且，不少企业已实现了故障停机率的指标要求，与国外先进水平相比也并不很落后。

二、故障频数分析

对一个企业、一个车间、一个部门的设备故障管理实行宏观考评，可从次数、时间、费用三个方面的指标进行同行业和企业间评比。

1. 故障频率

以设备的单位运转台时发生的故障台次来评价故障频率。

$$故障频率 = \frac{同期设备故障停机台次}{设备实际运转台时} \tag{6-7}$$

2. 故障强度率

故障频率分析只能反映故障发生的次数，不能反映故障停机时间的长短。为了能反映故障的时间程度，一般以单位运转台时的故障停机小时评价，称为故障强度率。

$$故障强度率 = \frac{周期设备故障停机小时}{设备实际运行台时} \times 100\% \tag{6-8}$$

3. 故障损失率

至于因设备故障造成的费用损失程度，则用单位台时的故障停机损失费用来表示，称为故障损失率。

$$故障损失率 = \frac{周期设备故障停机损失费总额}{设备实际运转台时} \tag{6-9}$$

三、故障原因分析

在设备管理过程中,要想对设备系统故障进行微观分析,那么设备管理工作者必须了解设备各种故障产生的原因,以及各种故障原因所占的比例,以便在今后设法预防。

开展故障原因分析时,对故障原因种类的划分应有统一的原则。划分故障原因种类时,要结合本系统拥有的设备种类和故障管理的实际需要。企业中设备故障原因种类应尽量规范化,明确每种故障所包含的内容,便于计算机进行信息管理。

不同的企业其设备故障原因是不尽相同的,而且各种故障原因出现的频数也不尽相同。为了在设备故障管理中分清主次,将故障原因按出现的频数(%)大小进行排列。例如,对某一机械厂的设备故障原因排列如下:

1) 润滑不良   25%   2) 自然磨损   20%
3) 操作保养不良   15%   4) 操作者精力不集中   13%
5) 修理质量不良   6%   6) 操作不熟练   5%
7) 不合理超载使用   4.9%   8) 原制造问题   4.8%
9) 违章操作   3%   10) 原设计不良   2%
11) 原因不明   1.3%

根据上述数据,可用频数累计值作帕累托图。

由图6-3可知,1~4项累计占73%,这四种故障原因是该厂设备系统发生故障的主要问题。掌握了统计量的大致情况,故障管理工作的目标也就比较明确了。对该厂来说,今后的故障管理工作主要是抓润滑、磨损、保养和劳动纪律等几项关键问题。

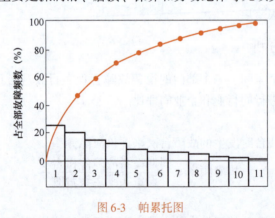

图6-3　帕累托图

四、故障树分析的概念

故障树分析法(Fault Tree Analysis, FTA)是根据产生故障的因果关系,绘出设备系统或零部件的故障事件与它的各个子系统和零部件所发生的故障事件之间的逻辑结构图,形似倒挂的一棵树。从设备、系统上一层次的故障现象出发,分析下一层次对产生此故障现象的影响和其间的逻辑关系。这种方法的优点是不仅能分析构成设备的硬件产生的影响,而且可将软件、人为因素、环境因素等产生的影响包括在分析内容之中。这种分析,既包括定性的成分，也包括定量的成分。应用概率论和布尔代数方法，可对故障现象采用计算机进行分析。

在故障树分析中，把不能再分解的基本事件称为底事件，它是故障树分析中导致其他事件发生的原因事件，它位于故障树的底端，是逻辑门的输入事件而不是输出事件。最终结果称为顶事件，它是故障树分析中由其他事件或事件组合所导致的事件，它位于逻辑门的输出端。把其他事件称为中间事件，中间事件是位于底事件和顶事件之间的结果事件，它既是上一层次逻辑门的输出事件，又是下一层次逻辑门的输入事件。

故障树的建立，位于故障树顶端的事件应是分析对象（故障），围绕这一对象往下逐级建立目标（可能原因）、子目标（原因），并用规定的符号表示分析对象与目标、子目标之间的逻辑关系。

故障树分析的特点是：

1）直观性强，能把系统的故障与其成因形象地以故障因果树状结构表现出来。

2）灵活性强，可以反映系统内外因素、环境与人为因素的作用，因而有广泛的应用领域。

3）通用性强，在设备的设计、制造、使用与维修保养的各个阶段均可以使用故障树的逻辑框架。

4）建树的工作量比较大，故障树的质量和置信度受建树人员的水平影响较大。

20世纪60年代初期，美国贝尔（Bell）电话研究所在民兵式导弹发射控制系统设计中，首先使用故障树分析法对导弹发射的随机失效成功地做出了预测。以后，故障树分析法进入到宇航领域、核能领域，并逐渐推广到机械、电子、化工等工业部门。现在国际上已公认这种分析法是设备可靠性分析和故障诊断的一种简单、有效的方法。

有关故障树分析方法的理论基础和定量计算请参考其他有关书籍，以获得更深入的了解。

第四节　诊断技术和状态监测

一、设备故障诊断技术

设备故障诊断是一门新兴的技术学科，它对设备管理的影响很大。所谓设备故障诊断技术，就是在设备运行过程中或基本上不拆卸设备的情况下，根据从设备产生的各种信息来了解和掌握设备的运行技术状态，确定其整体或局部正常与否，早期发现故障及其原因，判断故障的部位和程度，预测故障发展趋势和往后技术状态变化的技术。

设备故障诊断技术与人们熟知的医学诊断技术十分相似，而且一些诊断方法和诊断的症状特征信息也十分类同。

20世纪60年代初期，计算机技术和电子技术有了较大的发展，促进了工业生产水平和装备水平的大幅度提高，同时又推动了设备检测技术的迅速发展。20世纪70年代开始，由于电子测量技术、信号处理技术以及计算机技术的进一步发展，促使设备故障诊断得到较大的充实和提高，并更加趋向完善。目前，设备诊断技术已广泛应用于各个不同领域。

设备诊断技术按要求、对象的不同,可分成简易诊断和精密诊断两个层次。

(1) 简易诊断技术 对设备的技术状况简便而迅速地做出概括评价,主要回答设备的运行状态是否正常,相当于对人体进行健康检查,这一技术普遍有效地用于大量设备的检测。

(2) 精密诊断技术 对经过简易诊断判定为异常的设备,做进一步的细致诊断,确定应采取的措施,以解决设备存在的问题,相当于医生对病人的深入诊断。要求定量掌握设备的状态,了解故障的部位和分析故障原因,并预测故障对设备未来运行的影响。

按设备一生管理的要求,在每个阶段都应采用设备故障诊断技术,以实现设备寿命周期费用达到最经济、最有效的目标。设备故障诊断技术的工程应用,已经从一台设备的诊断发展到设备系统的诊断,并与工艺过程的诊断相结合,形成对生产系统的诊断。实践证明,设备诊断技术在具体的实施中将会取得十分明显的经济效益,这种经济效益主要表现在可以减少事故,降低维修费用。

提升设备可用率、降低运行事故风险、缩减维修成本和负面影响,是设备故障诊断的目标,不断采用新技术是提高设备诊断准确性的重要举措。近几年,红外热成像、紫外光观测仪、变压器绕组变形频响分析诊断技术、变压器振动波谱分析技术以及在线监测技术等新技术的应用,增加了运行设备故障诊断的及时性和准确性,避免了不必要的设备解体性维修。

20 世纪 80 年代以后,人工智能理论得到迅速发展,其中专家系统很快被应用到设备故障诊断领域。以信息处理技术为基础的传统设备故障诊断技术逐渐向基于知识的智能诊断技术方向发展,陆续涌现出许多新型的状态监测和故障诊断方法。

二、设备状态监测

设备状态监测是用人工或专用的仪器、工具,按照规定的监测点进行间断或连续的监测,掌握设备异常的征兆和劣化程度。状态监测与故障诊断既有联系又有区别,有时往往把状态监测称为简易诊断,因为两者的含义和功能是十分相近的。状态监测通常是通过测定设备的一个或几个单一的特征参数(如振动、温度等),检查其状态是否正常,假若参数值将要达到某个限定值时,就应判定安排停机修理。为了达到这个目的,在对设备进行定期或连续监测时,必须及时掌握并记录故障发展的趋势,对使用寿命进行预测、预报,实现状态监测的要求,做好故障趋势分析。

设备状态监测按其监测的对象和状态量来划分,可分为两个方面的监测:

(1) 机器设备的运行状态监测 机器设备的运行状态监测是指监测设备的运行状态。例如,根据设备的振动、温度、油压、油质劣化、泄漏等情况,对泵类、压缩机、机床等设备进行监测。

(2) 生产过程的状态监测 生产过程的状态监测是指监测由几个工艺参数所构成的生产过程的状态。例如,监测产品质量、流量、成分、温度或工艺参数量的变化等情况。

上述两个方面的状态监测是相互关联的。例如,生产过程发生异常,或会导致设备的故障,或会发现设备的异常。反过来,往往由于设备运行状态发生异常,就会出现生产过程的异常变化。

设备状态监测按监测手段来划分，可分为主观型状态监测和客观型状态监测两类。

（1）主观型状态监测　由监测人员利用自身的感受器官去进行监测，其准确程度主要取决于执行人员的经验和能力。如目前推行较为普及的日常点检工作，就属于此类情况。

（2）客观型状态监测　由监测人员采用各种测量工具、仪器和精密诊断仪器及专用监测系统等装置进行的一种监测方法。由于当前现代化装备水平的设备在数量上不断增加，促使客观型状态监测的比重越来越大。同时一些具有现代化生产水平的系统装备，借助于电子计算机控制，来达到对生产过程或设备运行状态的自动监测，这对减少故障停机损失，开展状态预知维修，提高设备寿命周期费用效率，达到了较好的效果。

智能工业监测技术是在状态监测基础上发展起来的一项新技术，这项新技术的应用，有力地促进企业设备监测水平的日益提高。其具体表现为：

1）通过设备管理信息化系统的应用，来优化设备智能工业监测的各项流程。

2）实施状态维修对设备监测管理体制进行创新。

3）越来越多地采用智能工业监测技术，来管理企业重点设备。

企业的主要生产设备不仅本身价值相当高，而且其维护费用占据企业费用的比例也相当大，对企业主要生产设备实施智能工业监测，实施设备状态的自动监测、自动报警及智能辅助诊断，可以有效地实现设备的状态受控，在减少劳动力使用的情况下，保证设备的高效、安全可靠运行。从而可实现重要设备的状态预知维修，延长设备检修间隔时间，减少人为带来的设备安全风险，结合智能点检、智能维修、优化检修，将推动设备工程技术管理的真正升级。

以互联网为基础，结合大数据技术、云计算、云存储技术，对大量设备运行状态信息，应用智能工业监测技术进行综合全面的分析，为故障的发生、发展，以及预测预报、控制，提供科学、全面、标准化支持，为专家诊断系统的有关效能性、准确性提供科学的支撑。

三、监测和诊断的主要方法

1. 振动监测

在机械设备的监测和诊断中，振动监测是普遍常用的监测方法。振动是一切回转运动和往复运动机械中最普遍的现象。产生机械振动的原因有很多，归纳起来有以下几方面原因。

1）零部件加工或装配中的偏心、轴弯曲，旋转体的材质分布不匀，使设备运转时产生惯性力。

2）往复杆件，在往复运动时产生惯性力。

3）支承零件以及传动机构零件的磨损、损坏，会使机构及机件随之产生振动。

4）设备基座以及动力系统的激励。

在振动分析中，通常使用传感器把机械能转换成电能，使传感器产生电信号并与机械振动成函数关系。振动测量的传感器，一般常用的有位移型传感器、速度型传感器和加速度型传感器三种类型，根据测量参数的不同可选用不同的结构形式。

2. 温度测量

温度是表示物体冷热程度的物理量，也是物质分子运动能量大小的反映和标志。物体在生产或运行过程中许多物理现象和化学作用的结果，大多可归结到温度这个状态量上来，所以在设备中的机械机件和电气元器件，常常会引起温度变化而产生"热故障"。因此，通过温度监测来查出早期设备的故障是十分有效和必要的。例如，机件中由于不正确的工作位置、过载运行、轴承的磨损运转、润滑不良等原因，会产生异常热量。又如电气系统中由于机件间摩擦磨损导致绝缘层破坏、负载过大、电阻值变化、电缆接头老化、松动、接触不良等，都会使系统内局部区域产生异常升温。

过去对一般设备有时采取手摸测温，其温度范围至多不超过50℃左右。随着工业生产的飞速发展和设备的不断更新换代，有的设备在生产过程中温度高达几千摄氏度，有的设备要求在运转中迅速而准确地测出温度，因此必须靠科学的检测手段来适应生产的需要。

温度监测按测温方式的不同，一般可分为两大类。

（1）接触式温度监测　这类监测所用的仪器，大部分要求仪器的测温元件需要与被测物体间有良好的热接触，通过热传导和热对流使物体与仪器探头接触区域达到热平衡时，实现温度测量。

属于此类仪器的有：液体膨胀式温度计、固体膨胀式温度计、压力表式温度计、电阻温度计和热电偶温度计等。

（2）非接触式温度监测　该种监测仪器在测量时，测量元件与被测对象无需接触，通过接收物体热辐射能量来实现测温的目的。

属于这种原理的测量装置有：光学高温计、辐射高温计、红外测温仪和红外热像仪等。

3. 裂纹检测

在机械构件或零部件的材质中，缺陷是难以避免的，但最危险的是出现裂纹缺陷。这种缺陷产生的原因很多，有的是热加工引起的，有的是焊接不良造成的，也有的是经过长期运行后所产生的疲劳裂纹、蠕变裂纹。如果运行的机件上裂纹产生扩展，就会对设备安全和生产安全造成很大威胁甚至严重后果。

下面介绍一些裂纹检测技术和方法。

（1）表面裂纹检测技术

1）渗透染色法。利用渗透液来检测裂纹，是一种常用的简易手段。检测时，先清理机件表面，随后将渗透液均匀喷洒在被检测件的表面上，然后将清洗液喷洒在整个表面上，再擦去表面的混合液，由于渗透液的渗透能力较强易渗流入空隙和裂纹中而不能被擦去，最后用显像液喷洒在整个表面上，残留渗透液的孔隙和裂纹地方因两种液体的作用而显出明显的颜色，以此查出机件的表面缺陷。

2）荧光渗透法。此法是在普通渗透液中加入荧光剂，用同样方式检测机件的孔隙和裂纹，在紫外线的照射下，在荧光渗透液渗入的裂纹、孔隙处显出强烈的黄绿色光辉，就能检出裂纹的所在。

3）磁粉法。该法是利用磁粉的细粒，在进入由裂纹而引起的漏磁场时，就会被吸住留下。由于漏磁场比裂纹宽,故积聚的磁粉可用肉眼容易看出,以判断裂纹的存在。

4)涡流检测法。此法是利用涡流裂纹探测器,当探测器通上交流电时,同时产生磁通和涡流。当探测器接触裂纹时,迫使涡流绕过裂纹而减弱了探测器线圈绕组内的电感量而取得电压上的变化,即在仪器刻度盘上显示出相应数值或发出报警声。

(2)射线探测法 在设备诊断中,常用易于穿透物质的X、γ射线,来检测物体材料内部的结构或缺陷。它的作用原理类似于人体X射线健康检查。

(3)超声波检测法 此法是利用发射的高频超声波(1~10MHz),从探头射入到被检物体中,倘若内部有缺陷,则一部分入射的超声波在缺陷处被反射或衰减,然后经探头接收后再放大,由显示的波形来确定缺陷的部位及大小。

(4)声发射检测法 当设备的某些部位的缺陷在外力或内应力作用下发生扩展时,由于能量释放会产生声波,并向四周传播,安放在被测表面上的传感器接收到这种信号,经放大和数据处理,来确定声源的位置,并判断缺陷的严重程度。在对锈蚀和裂纹十分敏感的许多设备中,这种方法得到广泛应用。

4. 磨损监测

磨损状态是机件故障失效的又一种常见形式。由于机器在正常传动和运行中,需要传递转速、转矩和功率,这就会在机件间有相对运动的接触部位产生不可避免的磨损。这种磨损造成的故障在机械设备中所占比重较大,同时事故带来的经济损失也较严重。

由于运动件之间的表面接触和摩擦、磨损的连续进行,使大量的磨损颗粒进入润滑系统,对于不同的磨损阶段不仅会在磨损颗粒数量上存在差异,同时还会产生磨粒的不同特征。对于磨损状态、磨损机理和磨损颗粒形态特征等监测和研究,目前应用油液分析技术已被认为是一种简便可行的有效方法。

油液分析常用的有如下三种方法。

(1)油样光谱分析法 利用油液中所含元素的原子发出辐射能,进行光谱分析来确定其含量。并可采用原子发射光谱测定法或原子吸收光谱测定法,一般能测小于 $10\mu m$ 的磨屑。

(2)油样铁谱分析法 铁谱技术是国外20世纪70年代发明的一种新的机械磨损测试方法,主要是研究新的分离油液中机械磨损碎屑和其他材质微粒的测试技术。目前它是磨损监测中应用最为广泛的一种润滑油样分析方法,油样铁谱分析能提供磨损残渣的数量、粒度、形态和成分四种参数。铁谱分析法一般适宜于检测磨屑粒度介于 $10 \sim 50 \mu m$。常用的铁谱分析仪有分析式铁谱分析仪和直读式铁谱分析仪两种。

(3)磁塞检查法 磁塞检查法的工作原理是用带磁性的塞头插入润滑系统中的管道内,收集润滑油中的磨粒残渣,用肉眼直接观察残渣的大小、数量和形状,来判断机器零件的磨损状态。这是一种简便而有效的方法,通常适用于磨粒残渣的尺寸大于 $50\mu m$ 的情况。

5. 泄漏检测

在设备运行中,泄漏的危害是极大的。泄漏包括气态、液态和粉尘状的介质,从设备的裂纹、孔眼和空隙中逸出或进入。泄漏造成的危害有工质损失、产品流失、能源浪费、工况恶化、环境污染、设备加速损坏等,是企业中力图防止的现象。特别是对于蒸汽系统、空压系统、输油系统和一些压力输送系统,防止泄漏是个重要问题。造成泄漏的因素有多个方面,工作压力越高,发生泄漏的可能性就越大;工作温度过高和密封装置的不合理选择,会使密封元件加快老化、提前失效,引起严重泄漏;液压系统的液压油质量问题,会使液压元件的损坏加剧而导致泄漏。

泄漏检测的方法很多,如皂液检漏法、声学法、压力-真空衰减测试法和触媒燃烧器等,这里不做详细介绍。

6. 电气电子装置线路故障诊断技术

现代设备大多为机电一体化的产品,据统计,企业设备故障中几乎有一半是由电气装置故障所造成的。

电气故障具有隐蔽性和突发性,一旦发生故障,所需修复时间较长,造成停机损失严重。电气设备装置种类较多,这里仅对电动机、变压器和继电器等强电设备加以讨论。这些设备的故障或者事故大多是因绝缘损坏和温度的异常上升所造成的。为了提高电气设备运行的可靠性,需要定期对其线路的绝缘性能进行预防性测试,检测其各种物理、化学性能,特别是电气性能参数的变化,防患于未然。

电气设备只要有电流通过就会产生热量,在允许温升范围内,设备能安全运行,一旦温升超过临界状态,就会产生故障。故及时检测设备,特别是电气连接点的温度十分重要。

电气设备绝缘性能测试一般采用绝缘电阻的测定方法,在通电后一定时间测量绝缘电阻的变化和介质损失,进行局部放电、交流工频耐压测试,以及直流耐压和泄漏电流的测量等。

电气设备绝缘诊断重要性在于运行中电气设备的绝缘老化会影响设备的正常运行,当绝缘中的缺陷部位发展严重时,在过电压的作用下,绝缘会被彻底破坏,发生击穿,使电气设备严重损坏,或发生更为严重的造成电网的停电事故。电气设备绝缘故障发生的原因,是电气设备绝缘性能在运行过程中发生不可逆的劣化和绝缘结构逐渐损坏,又称为绝缘老化。引起绝缘老化的原因大致可归为以下三类。

1)电气设备在通电过程和通断电过程中温度剧变,高温使绝缘材料品质劣化,造成绝缘性能劣化。

2)电气设备通电或安装过程中对绝缘材料的外力伤害造成的绝缘结构损坏,引起绝缘性能劣化。

3)在潮气和有害气体的长期作用下,因化学变化造成的绝缘材料的劣化。

电子电路是由具有特定功能的电子元件组成的,其中每个元器件都有自己特定的作用。如果其中某个元器件遭到损坏,电路的功能必将发生变化。这种电路系统失去规定功能的现象称为电路故障。

电路功能的变化必然伴随电路参数的变化,根据电路参数变化来辨别电路故障的过程,称为电子线路故障诊断。电子线路故障诊断技术,就是根据对电子电路的可及节点或端口直接测量的信息,推断该系统所处状态,来确定故障元器件的部位和预测故障的发生,以及判别电子产品的质量以便给出维修提示的方法。

电子电路分为模拟电路和数字电路两种,因此,电子电路的故障诊断技术也应从模拟电路故障诊断和数字电路故障诊断两方面进行。

故障诊断过程实际上就是从故障现象出发，通过反复测试，做出分析判断，逐步找出故障的过程。电子电路的故障诊断包括故障检测、故障定位、故障识别、状态监测等方面。

工作信号是模拟信号的电子电路称为模拟电路。模拟信号是指其大小随时间连续变化的，并可以在一定范围内任意取值的物理量。模拟电路故障诊断的主要内容包括检测点的选择、测试信号的确定和产生、被诊断对象输出响应信号的测试、处理和诊断算法的实现，以及诊断结果的显示和记录等。

工作信号是数字信号的电子电路称为数字电路。数字信号是指在时间上和数值上都是离散的信号。数字电路就是用来变换和处理这种数字信号的电路。数字电路故障诊断的主要内容包括：待诊断电路的描述，确定待检测的故障和电路的初始信息；产生电路的定位测试集，进行故障模拟，判断定位测试集是否达到预定的故障诊断要求；建立故障测试程序。在这些步骤中，又以定位测试集的产生最为重要。在故障诊断时，只要按顺序地向电路施加测试序列，并逐次测量电路的响应，检索故障字典，就可达到故障检测和定位的目的。

数字电路大多数以集成电路（IC）芯片的形式出现，只有少数情况下才有分立元件的数字电路。数字电路故障诊断的主要任务是诊断集成数字电路的故障，搜寻故障芯片，并进行更换。

数字电路故障的主要类型：
1）逻辑故障和非逻辑故障。
2）局部故障与分布故障。
3）永久故障和暂时故障。
4）固定电平故障。
5）桥接故障。

7. 集成电路常规诊断方法

准确判断集成电路的故障是电子设备故障诊断中的一个难点。要对集成电路故障做出正确判断，需要掌握该集成电路的用途、内部结构原理、主要特性等知识，必要时还要分析内部原理图。此外，还应备有集成电路各引脚的对地直流电压、波形、正反向直流电阻值等有关参数，有时需要用多种检测方法去判断该电路是否被损坏。

对集成电路的检测判断方法一般有两种：一是离线检测，二是在线检测。

1）离线检测。离线检测是在集成电路未焊入印制电路板时，对其进行的检测。这种检测最好用集成电路测试仪进行，这样可以对其主要参数进行定量检测。

2）在线检测。在线检测是在集成电路已经连接在印制电路板上的检测方法。由于集成电路的拆卸相对比较麻烦，所以在检修中，大多采用在线检测。

下面介绍几种最基本的检测方法：

1）电压测量法。电压测量法是测量集成电路各引脚对地的直流工作电压值，然后与标准值相比较，以此来判断集成电路的好坏。

2）在线直流电阻检测法。在线直流电阻检测是在发现集成电路引脚电压异常后，通过测试集成电路及其外围元器件的电阻值来判定集成电路是否损坏。由于这种方法是在断电情况下测定电阻值，所以比较安全。

3）电流流向跟踪电压测量法。此方法是根据集成电路内部和外围元器件所构成的电路，并参考供电电压进行各点电位的计算或估算，然后对照所测得电压是否符合正常值来判断集成电路的好坏。

4）直流电阻测量对比法。此方法是利用万用表测量被检测集成电路各引脚对地的正向电阻值并与正常数据进行对照来判断其好坏。这种方法需要积累相同设备同型号集成电路的正常可靠数据，或者对相同的完好设备进行测试，以便与被测集成电路的测试数据做对比。

5）非在线数据与在线数据对比法。这里说的非在线数据是指集成电路未与外围电路连接时所测得的各引脚对应于接地脚的正反向电阻值。非在线数据通用性强，可以作为对在线数据对比、分析的参考。

6）替换法。在检测集成电路时常用替换法判断其好坏，可以减少许多检查、分析的麻烦。但这种方法应用在检测的最后阶段，较有把握认为是集成电路故障时采用。

7）逻辑探针测试法。在对数字集成电路进行检测时，可以使用一般的测试设备（如万用表、示波器等），但是在很多情况下，仅用一般测试设备是不够的，必须使用数字检测设备。逻辑探针是一种常用的数字检测设备。逻辑探针是用来在线检测脉冲电路或逻辑电路的，它借助简单的灯泡指示检测数字信号的逻辑状态，并能检测很短暂的脉冲。

思考题

6-1　故障的一般性定义是什么？

6-2　写出设备可靠度计算公式。当故障率为常数时，写出可靠度的简化式。

6-3　典型的故障率分布曲线称为什么曲线？请画出其大致形状，标出各个时期的名称。

6-4　叙述故障的分类情况。

6-5　机械设备中常见的故障模式有哪些？写出 10 种以上。

6-6　产生故障的主要原因大体有哪几个方面？

6-7　叙述收集故障信息资料的注意事项。

6-8　叙述故障频率的计算。

6-9　叙述设备诊断技术的两个层次。

6-10　叙述监测和诊断的主要方法。

第七章

设备的可靠性管理

所谓可靠性，是指系统、设备或零部件在规定条件下和规定时间内，完成规定功能的能力。

一般来说，设备的技术性能指标（如工作精度、运行速度、能量消耗等）是可以通过仪器仪表来测定的，合格与否较易判断。但可靠性指标则不能用仪表测定，要想衡量设备的可靠性，必须进行可靠性研究、试验和分析，才有可能做出正确的估计和评定。

设备可靠性是贯穿整个寿命周期全过程的一个时间性指标，设备的可靠性管理就是它的综合质量管理，从设计规划、制造安装、使用维护，到修理报废为止，可靠性始终是设备的灵魂。

在设备可靠性研究中，由于零部件的失效会导致设备系统的故障和设备可靠性的丧失，这是显而易见的。为此，对失效零部件要进行系统分析，了解零部件失效的真实情况，鉴别其失效模式、失效机理，分析失效部位、失效时间和失效影响，并进行结果分析。把失效影响和后果分析情况及时反馈给设计和制造部门，以采取必要措施，使零部件获得更高的可靠性。一台成熟的设备，必然要经过无数次的设计、制造、试验、分析、修改等工作循环，从而不断总结经验、精益求精、逐步完善。

第一节 系统可靠度计算公式

设备可靠度的概念，在上一章里已经提过，这里我们对设备系统最为常见的串联系统、并联系统和混联系统的可靠度计算公式做一介绍。

一、串联系统的可靠度

我们假定设备系统中各元素的可靠性是独立的，即这台设备的状态不会影响另一台设备的状态；这一构件的功能是否正常，也与另一零件是否失效无关。按照数学中概率论的方法，系统的串联就是事件的"交集"（或积）。

设串联元素的可靠度分别为 R_1, R_2, $\cdots$, R_n，则系统的可靠度为

$$R = \prod_{i=1}^{n} R_i \tag{7-1}$$

例 7-1 一条由 20 台机床组成的自动流水线，设每台机床的可靠度为 0.9，则这条流水线在规定时间内实现其功能的概率 R 为

$$R = 0.9 \times 0.9 \times \cdots \times 0.9 = 0.9^{20} = 0.1216$$

从上面例子中可看出，串联系统的可靠度是比较低的。如果要求系统可靠度 $R = 0.9$，对于由 20 台设备组成的子系统来说，每台设备的可靠度应为 $R_i = 0.9947$，这样高的可靠度，对设备制造、安装和维护会带来相当大的困难。

二、并联系统的可靠度

在由几个元素组成的并联系统中，只要有一个元素在发挥其功能，则系统就能保持工作状态。这种情况相当于概率论中所说事件的"并集"（或和）。

设并联元素的可靠度分别为 $R_1, R_2, \cdots, R_n$，则此系统处于故障状态的概率为 $(1-R_1)(1-R_2)\cdots(1-R_n)$。因为可靠度与不可靠度之和为 1，所以，并联系统的可靠度为

$$R = 1 - \prod_{i=1}^{n}(1 - R_i) \tag{7-2}$$

例 7-2 由 5 个可靠度均为 0.9 的元素并联的系统，其可靠度为

$$R = 1 - \prod_{i=1}^{5}(1 - 0.9) = 0.99999$$

由上例可见，并联系统的可靠度大于它的组成元素的可靠度，这是在设备方案规划、技术设计和布局安装过程中采用冗余技术的根据。

三、混联系统的可靠度

混联系统可靠度的计算没有一成不变的公式，而需对串、并联的具体方式进行分析。它的计算是以式（7-1）和式（7-2）为基础的。下面通过一个具体的实例加以说明。

例 7-3 求出图 7-1 所示混联系统的可靠度。

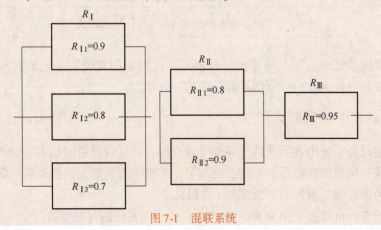

图 7-1　混联系统

解：
$$R_I = 1-(1-R_{I1})(1-R_{I2})(1-R_{I3})$$
$$R_{II} = 1-(1-R_{II1})(1-R_{II2})$$
$$R_{III} = R_{III}$$
$$R = R_I R_{II} R_{III}$$

将图 7-1 中的数字代入上式，得

$$R = [1-(1-0.9)(1-0.8)(1-0.7)][1-(1-0.8)(1-0.9)] \times 0.95 = 0.9254$$

在设备管理中，是采用串联还是并联，或是混联形式，主要取决于生产的工艺过程，要看它各道工序是否能够独立地进行作业，即取决于工艺过程的连续性质。

第二节 平均寿命和常用的故障分布函数

一、平均寿命（θ）

对于可修复系统或设备来说，平均故障间隔期（Mean Time between Failures，MTBF）是它的平均寿命。

$$\text{MTBF} = \theta = \frac{\sum_{i=1}^{n} \Delta t_i}{n} \tag{7-3}$$

式中 Δt_i——设备在第 i 次故障前的无故障工作时间，可用两次大修间的正常工作时间 T 代替（如果每次故障后进行修理的话）；

n——设备发生的总的故障次数。

对于不可修复系统或机件来说，失效前平均时间（Mean Time to Failure，MTTF）是它的平均寿命，即从开始使用到失效报废的平均时间。

一般来说，系统的 MTTF 是通过试验得到的，特殊情况下，如不可修复系统的可靠度函数 $R(t)$ 为指数分布时，系统的 MTTF 也可利用分布积分求得，即

$$\theta = \int_0^\infty R(t)\,\mathrm{d}t = \int_0^\infty tf(t)\,\mathrm{d}t \tag{7-4}$$

二、几种常用的故障分布函数

1. 指数分布

指数分布是设备可靠性中最广泛的一种分布，是连续单参数分布。应用一个简单的指数分布函数，便可推导出设备的可靠度函数，即

$$R(t) = e^{-\lambda t} \tag{7-5}$$

此式与式（6-6）相同。

指数分布的故障分布密度函数 $f(t)$、故障率函数 $Z(t)$ 和平均寿命 θ 分别服从下列各式

$$\begin{cases} f(t) = \lambda e^{-\lambda t} \\ Z(t) = \lambda（常数） \\ \theta = 1/\lambda \end{cases} \tag{7-6}$$

在这种情况下,平均寿命也就是其分布参数 λ 的倒数,且 MTBF 与 MTTF 相等。

当时间 t 等于平均寿命 θ 时,根据式 (7-5),可靠度为 $R(\theta)=\mathrm{e}^{-1}=0.368$。设 $t=\theta/2$,则 $R(\theta/2)=\mathrm{e}^{-0.5}=0.607$。可见,如果把修理周期定为 $\theta/2$,则可靠度可以大为提高。不过,如果修理周期过短,修理费用增大,又可能造成过剩维修。因此,有必要进行可靠性费用分析而加以综合评定。

由于指数分布函数的计算和处理很方便,又很适合复杂设备进入使用阶段随机故障期的故障分布,故在可靠性工程方面应用很广。

例 7-4 某设备经 7000h 的观察,发生了 10 次故障,故障发生的时间是随机的。假如故障的分布服从指数分布,试求该设备平均寿命,以及从开机到工作 1000h 后的可靠度。

解:

平均寿命为 $\qquad \theta=7000/10\mathrm{h}=700\mathrm{h}$

工作 1000h 后的可靠度为

$$R(1000)=\mathrm{e}^{-1000/700}=\mathrm{e}^{-1.429}=0.240$$

例 7-5 某机件的平均寿命为 5000h,试求其使用 150h 后的可靠度,设故障分布服从指数分布。

解:

$$\lambda t=t/\theta=150/5000=0.03$$
$$R(150)=\mathrm{e}^{-0.03}=0.97$$

例 7-6 某系统由三个分系统串联组成,系统和分系统故障分布均为指数分布时,若各分系统的 MTBF 分别为 200h、80h、300h,则整个系统的 MTBF 是多少?

解: 根据指数分布的特点,如果用 λ_s 表示整个串联系统的故障率,则该 λ_s 就是各分系统故障率之和,即

$$\lambda_s=\lambda_1+\lambda_2+\lambda_3=1/200+1/80+1/300=1/48$$

故　　MTBF = 48h

2. 正态分布

正态分布是数理统计中的经典分布,是双参数连续分布。下面用正态分布函数来表示故障分布密度的可靠度函数

$$R(t)=1-\int_0^t N(\theta,\sigma^2)\mathrm{d}t \qquad (7-7)$$

两个参数,母体平均值的估计值 θ 和母体方差的估计值 σ^2 分别为

$$\theta=(1/n)(t_1+t_2+\cdots+t_n)=(1/n)\sum_{i=1}^n t_i \qquad (7-8)$$

$$\sigma^2=[1/(n-1)]\sum_{i=1}^n (t_i-\theta)^2=[1/(n-1)](\sum_{i=1}^n t_i^2-n\theta^2) \qquad (7-9)$$

对于标准正态分布 $N(0,1)$,如把标准离差 u 作为变量,则 u 的定义为

$$u = (t - \theta)/\sigma \tag{7-10}$$

则 $u \sim N(0,1)$，于是可靠度函数即可换成

$$R(t) = 1 - \Phi(u) = 1 - \int_{-\infty}^{u} \frac{1}{\sqrt{2\pi}} e^{-t/2} dt \tag{7-11}$$

式中　$\Phi(u)$——正态概率积分，其值可查附录正态分布表得到。

例 7-7　从某批仪器中抽取 5 台仪器进行寿命试验，各台仪器到发生故障的时间 T 见表 7-1。

表 7-1　各台仪器到发生故障的时间

台号 i	1	2	3	4	5
$t(T/1000)$	10.5	11.0	11.2	12.5	12.8

求该批仪器故障服从正态分布时的参数平均寿命 θ 及其方差 σ^2，并求 $t=12$ 时的可靠度。

解：

$$\sum t_i^2 = 10.5^2 + 11.0^2 + 11.2^2 + 12.5^2 + 12.8^2$$
$$= 676.78$$

$$\theta = (1/n) \sum_{i=1}^{n} t_i = (1/5) \times (10.5 + 11.0 + 11.2 + 12.5 + 12.8) = 11.6$$

$$\sigma^2 = [1/(n-1)](\sum_{i=1}^{n} t_i^2 - n\theta^2) = (1/4) \times (676.78 - 5 \times 11.6^2)$$
$$= 0.995$$

$$u = (t - \theta)/\sigma = (12 - 11.6)/\sqrt{0.995} = 0.40$$

代入式 (7-11)，得可靠度

$$R(12) = 1 - \Phi(u) = 1 - \Phi(0.40) = 1 - 0.6554 = 0.3446 \approx 0.345$$

例 7-8　设备 A 的故障服从正态分布 $N(4000, 1200^2)$，与其串联组合的电气装置 B 的故障呈指数分布，$\theta = 9000h$，试求系统 AB 运行 1700h 的可靠度。

解：　先求 $t = 1700h$ 的标准离差

$$u = (t - \theta)/\sigma = (1700 - 4000)/1200 = -1.92$$

设备 A 的可靠度 R_A 为

$$R_A = 1 - \Phi(u) = 1 - \Phi(-1.92) = 1 - 0.02743 = 0.97257 \approx 0.973$$

设备 B 的可靠度 R_B 为

$$R_B = e^{-t/\theta} = e^{-1700/9000} = 0.828$$

再求系统可靠度 R_{AB} 为

$$R_{AB} = R_A R_B = 0.973 \times 0.828 = 0.8056 \approx 0.806$$

3. 威布尔分布

威布尔分布是常用故障中较为复杂的一种，是三参数的连续分布，它是指数分布和正态分布的补充。

可靠度函数 $R(t)$ 可用威布尔表示为

$$R(t) = e^{-(t-c)a/b} \qquad (7\text{-}12)$$

对应的故障分布密度函数 $f(t)$ 和故障率函数 $Z(t)$ 分别为

$$\begin{cases} f(t) = (a/b)(t-c)^{a-1} e^{-(t-c)/b} \\ Z(t) = (a/b)(t-c)^{a-1} \end{cases} \qquad (7\text{-}13)$$

式 (7-12)、式 (7-13) 中

a——形状参数，$a > 0$；

b——尺度参数，$b > 0$；

c——位置参数，且 $c \leqslant t$。

当 $a = 1$ 时，$Z(t) = 1/b$，威布尔分布蜕化为指数分布，当 $a = 3 \sim 4$ 时，威布尔分布密度曲线与正态分布密度曲线极为近似。其他参数的变化，这里不做进一步讨论。

第三节　设备可靠性设计

设备实际工作时的可靠度 R_0，除受固有可靠度 R_1 影响外，还受到使用可靠度 R_2 的影响，这三者之间关系为

$$R_0 = R_1 R_2 \qquad (7\text{-}14)$$

R_2 是指设备在使用过程中，受环境条件、操作、维修、储运等因素的影响。R_1 是指设备在设计、制造时内在的可靠度，这是设备可靠度最基本、最重要的方面，其中以设计技术所占的比重最大。所以设备在设计过程中就必须研究"可靠性设计"，然后考虑制造、使用、维修直到报废的整个寿命周期的"可靠性管理"。

一、可靠性设计的内容、原则和基本程序

1. 内容

设备可靠性设计是决定设备可靠性好坏的关键。可靠性设计的内容包括：对系统、设备的可靠性进行预测，对系统、设备的可靠度进行分配，进行技术设计，进行可靠性评审等工作。

2. 原则

为保证所设计的设备达到预定的可靠性，在可靠性设计过程中一般应遵守以下原则：

1）元器件、零部件的选择要注意标准化、系列化。这样，一方面提高了元器件、零配件的互换性，另一方面，这些元件的可靠性数据也比较容易收集。

2）尽量采用行之有效的标准结构和典型线路，使整个设备结构简单化、标准化、积木化、插件化，在保证完成设备规定功能的情况下，设计能使组装容易、维修方便、提高可靠性。

3）尽量采用成熟的工艺规程和习惯的操作方法。

4）在可靠性技术设计时，采用新的设计方法，提高设计水平。

3. 基本程序

1）设备可靠性指标的论证与确定。在设备可靠性设计阶段，首先要进行科学、合理的系统设计，选定目标样机，掌握同类设备的可靠性水平，明确开发设备的系统、分系统的可靠度要求和目标，对其可靠性指标予以论证与初步确定。

2）设备可靠性预测和可靠度分配。对初步确定的设备系统中各分系统可靠性指标进行设备系统的可靠性预测，然后进行各分系统的可靠度分配。

3）设备可靠性的改善。这一工作是在设备研制完成并经各种试验后进行的，分析其可靠性方面暴露出来的问题，采取必要的措施，使设备固有可靠度得到改善。

4）设备可靠性设计定型。

二、可靠性预测

当系统、设备的设计方案初步确定以后，这时尚无生产方案，则不能对设备进行可靠性试验，但可以利用设备的零部件或系统的各组成单元的失效率数据来预测系统、设备实际工作可能达到的可靠性，这个过程称为可靠性预测。

开展可靠性预测的目的是对各种设计方案进行评价，以确定所提出的设计方案是否满足系统可靠性的要求；了解设备和零部件可靠性之间的关系，找出对设备失效率影响最大的薄弱环节，加以改进；在满足可靠性要求的前提下，选用经济的元器件、零部件，降低成本。

可靠性预测的方法有以下两种。

1）根据故障率或平均无故障工作时间，估计零部件、分系统或系统可能达到的可靠度。

2）计算系统在特定的应用中符合性能和可靠性要求的概率。这是以零部件和结构件的性能值的误差，以及随时间的推移所发生的变化为数据，并把数据加以综合来求得系统、设备性能变动程度的一种方法。

国内外已发表了各种具有代表性的零部件故障率数据表和手册，可供进行可靠性计算时参考。但这些数据表中的故障率是零部件在标准工作条件下测得的，一般称为基本故障率 λ_{0i}，使用时还需乘上适当的修正系数 K_i，K_i 通常称为严格系数。因此，实际故障率为

$$\lambda_i = K_i \lambda_{0i} \tag{7-15}$$

> **例 7-9** 某发射系统的基本故障率 $\lambda_{0s} = 4.1 \times 10^{-5}/h$，其环境严格系数 K_i：普通室内为 1，车辆、船舶为 10，飞机为 50，火箭为 700，求该系统在船舶、飞机、火箭上使用时的失效率。
>
> **解：**
>
> （1）系统在船载时故障率为
>
> $$\lambda_{s1} = 10 \times 4.1 \times 10^{-5} = 4.1 \times 10^{-4}$$
>
> （2）系统在机载时故障率为
>
> $$\lambda_{s2} = 50 \times 4.1 \times 10^{-5} = 2.05 \times 10^{-3}$$
>
> （3）系统在火箭上应用时故障率为
>
> $$\lambda_{s3} = 700 \times 4.1 \times 10^{-5} = 2.87 \times 10^{-2}$$

三、冗余性设计

冗余性设计是提高系统和设备可靠性的一种有效的技术设计方法。它是为了保证完成系统和设备规定的功能而额外附加一些部件或手段,即使系统和设备中的某一部分发生故障,但整个系统和设备却仍能正常工作的一种设计。

采用冗余性设计时,附加手段与原有手段虽然功能相同,但有关故障的发生必须是独立的。因此,往往设法使它们的工作原理不一样,如一种采用电力制动,另一种采用液压制动。

显然,冗余性是能够提高设备可靠度的,但为了达到这一目的,有储备系统势必要增加设备的重量、体积和成本,而维修性却可能会降低。因此,为了使结构的冗余性合理,在设计时要对有关设计参数进行综合研究。

四、可靠度分配

可靠度分配就是根据系统的可靠度目标,合理调配各分系统的可靠度指标。可靠度分配的基础是可靠性预测。可靠性预测是由元器件、零配件、部件、分系统到系统,自下而上进行的。可靠度分配正好相反,一般是由系统、分系统、部件、零配件到元器件进行分配的。可靠度分配是落实系统可靠度的过程,是可靠性设计的一个重要环节。

可靠度的分配是一项很细致的工作,需要对技术、费用、安全、维修等各个方面进行综合平衡,往往要进行多次分配才能趋于合理。

可靠度分配的基本原则:

1) 对关键的分系统(或部件),分配的可靠度应高一些。
2) 对比较复杂的分系统(或部件),分配的可靠度应低一些。
3) 对环境、使用条件不好的分系统(或部件),分配的可靠度应低一些。
4) 对于维修性好的分系统(或部件),分配的可靠度应低一些。

应用这些原则,还需根据各种因素进行平衡协调。

为便于分析大型、复杂的工业成套设备,可以按照功能和结构等特点,把其中的设备、部件和零件排成一个有不同层次的结构体系。例如,成套设备级、设备级、部件级、零件级。在每一功能等级上,它们既可串联或并联,或者混联等。这样,可先测算所有零件的平均故障率或平均无故障工作时间,然后按层次上推分析,最后算出成套设备的可靠度。

第四节　设备维修性

所谓维修性,就是在规定条件下使用的设备,在规定时间内,按规定的程序和方法进行维修时,保持或恢复到能完成规定功能的能力。

绝大部分机械设备都是可维修的,即当设备发生故障丧失功能时,可以通过维修来恢复其功能,使设备的可靠度重新建立起来。

一、维修性的特征量

维修性的特征量主要有三个:维修度、修复率和平均修复时间。任一特征量只能表示维修性的某一特征方面。

1. 维修度

维修度 $M(t)$ 是在规定条件下使用的设备，在规定时间内按照规定的程序和方法进行维修时，保持和恢复到能完成规定功能状态的概率。

维修度 $M(t)$ 对于时间的导数，称为维修密度函数，记为 $m(t)$。

$$m(t) = dM(t)/dt \tag{7-16}$$

维修密度函数表示在某一时刻 t，设备系统或零部件可能修复的瞬时概率。

与维修度 $M(t)$ 相反的概念是不可维修度，也就是修不好的可能性，用 $G(t)$ 表示。

$$G(t) = 1 - M(t) \tag{7-17}$$

2. 修复率

修复率 $u(t)$ 是修理时间已达到某个时刻但尚未修复设备，在该时刻后的单位时间内完成修理的概率，即

$$u(t) = \frac{m(t)}{1-M(t)} = \frac{dM(t)}{dt} \cdot \frac{1}{1-M(t)} \tag{7-18}$$

上述 $M(t)$、$m(t)$、$u(t)$ 均称为维修性函数。与可靠性函数类似，维修性函数一般服从正态分布、对数正态分布或威布尔分布。当设备的使用时间远远长于维修时间时，可以认为它们符合指数分布，即有 $u(t) = u$（常数），则

$$M(t) = 1 - e^{-ut} \tag{7-19}$$

$$m(t) = ue^{-ut} \tag{7-20}$$

这里 u 称为平均修复率。

3. 平均修复时间

平均修复时间 MTTR，就是修复时间的平均值。当维修度 $M(t)$ 按指数分布时，如果平均修复时间 $t = 1/u$，则维修度 $M(1/u) = 0.632$。

设备的修理时间通常包括下列各项时间消耗。

（1）故障（失效）诊断时间　故障（失效）诊断时间包括测试发生故障的分系统、部位，诊断、查找、确定故障发生的真正原因所需的时间。

（2）修理准备时间　修理准备时间包括备件、材料准备，修理场所准备，工具、试验装置准备，技术资料准备，修理人员的配备所需的时间。

（3）修理实施时间　修理实施时间包括解体、修理、拆卸、更换零件、装配、换油、调整、验收等所需的时间。

为了缩短总的修理时间，显然应设法对以上各项时间消耗进行压缩，并可能使有关工序交叉进行。

例 7-10　某设备过去的平均修复时间为 20h，现在该设备又发生了故障，假设维修条件不变，试估算该设备在 12h、24h 和 48h 时修复的维修度。

解：

$$MTTR = 20h = 1/u$$
$$u = 1/20$$

根据式（7-19）得

$$M(12) = 1 - e^{-12/20} = 1 - 0.55 = 0.45$$
$$M(24) = 1 - e^{-24/20} = 1 - 0.30 = 0.70$$
$$M(48) = 1 - e^{-48/20} = 1 - 0.09 = 0.91$$

例 7-11 根据维修日志，某电子计算机在一个月内发生 15 次故障，共停机 1200min。根据研究分析，假设故障分布遵从指数分布。按要求故障停机时间不能超过 100min，因此，用 100min 作为规定修复时间，试求其维修度。

解：先估算修复率 u

$$u = 15/1200 = 0.0125$$

代入式（7-19），得

$$M(t) = 1 - e^{-ut}$$
$$= 1 - e^{-0.0125 \times 100} = 1 - 0.287 = 0.713$$

二、有效度

有效度 A 是把可靠度 $R(t)$ 和维修度 $M(t)$ 综合起来考虑的一种尺度，有效度有时称为有效利用率。所谓有效度，就是可修复的系统、设备或零部件等在某特定时间内具有或维持其规定功能的概率。在这种情况下，即使设备发生故障，能在规定时间内修复，仍能正常工作，所以有效度与单纯可靠度相比增加了正常工作的概率。因此，有效度是由可靠度加维修度得出的一种可靠度增量。对于不可修复的系统、设备或零部件，有效度就不受维修度的影响，可靠度等于有效度。

有效度 A 定义为

$$A = \frac{\text{MTBF}}{\text{MTBF} + \text{MTTR}} \tag{7-21}$$

式中　MTBF——平均无故障工作时间（未计算非工作状态时间）；

　　　MTTR——平均修复时间。

MTBF 是衡量可靠性的尺度，而 MTTR 是衡量维修性的尺度。可靠性和维修性同时影响着设备的有效度，必须综合平衡这三者之间的关系，使可靠性、维修性、有效度数值都能被接受。一般来说，为提高设备的有效度，应尽可能同时改善设备的可靠性和维修性。越是关键的设备，对其可靠性要求越高。另一方面，适当注意维修性的改善，设备的有效度就会得到提高。

三、绿色维修的重要性

21 世纪是知识经济和信息化时代，一方面由于地球资源的大量开发和浪费，导致资源的严重短缺；另一方面由于人类对原始森林的滥砍滥伐和工业废物的随意排放，造成人类赖以生存条件的日益恶化。因此，注重环境保护和生态平衡的环境经济和注重资源节俭与合理使用的问题，已不得不引起世界各地有识人士的高度关注。

绿色制造、绿色维修，环境、安全、经济可持续发展，这是当今时代的需要。时代呼唤再制造工程（Re-engineering），时代呼唤保护环境和资源的绿色维修（Green Maintenance）。

在从生产到消费的整个经济系统循环中，始终存在着与周围环境及资源的相互获取或排放的关系。经济系统从环境中获取空气、水、能源、原材料，排放对环境产生一定影响的废物和代谢品，两者之间应寻求一种可持续的平衡。可持续发展是指满足现代人的需求，又不损害后代人满足需求的能力。就是指经济、社会、资源和环境保护协调发展，它们是一个密不可分的系统。既要达到发展经济的目的，又要保护好人类赖以生存的大气、淡水、海洋、土地和森林等自然资源和环境，使子孙后代能够永续发展和安居乐业。只有环境及其功能得到保护，经济和社会发展目标才能实现。

绿色维修就是在设备管理和维修领域要考虑可持续发展，把发展的"可持续性"理论融入工业维修之中。在工业维修过程中，很重要的问题是要控制废物的排放，其中包括过程排放和意外排放，企业应加强这方面的管理，包括采用设备先进的制造技术和设备及零部件新型的维修技术，以保护人类的生存环境不要再进一步恶化。

思考题

7-1　何谓可靠性？

7-2　叙述设备平均寿命计算。

7-3　叙述三种常用的故障分布函数。

7-4　叙述设备可靠性设计的内容原则和基本程序。

7-5　为什么要采用冗余性设计？

7-6　可靠度分配的基本原则是什么？

7-7　何谓设备维修性？

7-8　叙述维修性的三个特征量。

7-9　何谓有效度？

7-10　简述绿色维修的重要性。

第八章

设备修理和零件修复技术

　　工欲善其事，必先利其器。设备修理历来是设备管理工作中最主要的技术任务。随着现代设备技术的进步和发展，设备维修和管理日益重要。因为设备停机和修理期的长短，以及设备大、中、小修方式的安排等，直接影响设备的可利用率，而这是同企业的经济效益密切相关的。所以，保证设备的可靠性，提高设备利用率，并适时进行设备修理，就成为在设备安装后使用期间进行管理的首要大事。科学的维修是保持或恢复设备正常运行、充分发挥效能、保证产品质量和效益的基本条件，维修也是生产力。

　　修理期是设备寿命周期的组成部分。对于无维修设计的设备系统，修理期为零，修理费也为零。而绝大多数机械设备都是可维修的，因此，它们的修理期和修理费不可能是零。

　　当设备的残值还足以保留其基本功能时，经过修旧与更新的投资和经济效益的评比，往往采取修理的决策。设备修理的目的，就是重新完善设备系统，恢复或提高设备的功能。对于设备的损耗在物质形态上给予补偿的同时，也就补偿了它的经济价值。所以，从投资的观点来说，每一次的设备修理，便是一次价值上的追加，直到将废旧设备舍弃为止。

　　由于技术上和经济上的原因，对磨损和损耗了的病态设备进行物质形态上的补偿和价值形态上的追加，便有一个最优决策的问题。于是，设备修理的核心问题是根据设备磨损或损耗情况，结合企业的经营目标，对具体的设备选择正确的维修方式和维修层次，合理安排修理计划并付诸实施。这里包含着具体的时间范围、经营目标、损耗情况、修理层次、维修技术和修理组织等问题。

　　零件是机械设计和制造的最小单元，是设备物质结构系统的最小组成元素。因此，零件修复就是修理的基础。零件修理或返修是一种特殊的加工制造和装配技术，这种技术随着科技进步发展很快，设备管理人员若不熟悉零件修复技术，对设备修理也就不能做出科学的决策。

第一节　设备维修的内容体系

　　设备维修的目标是以最经济合理的费用，使设备处于良好的技术性能状态，保证生产上能有效地使用设备，从而有效地实现企业的经营目标。

随着科学技术的发展，设备的技术状态影响着其生产出来的产品数量、产品质量和产品成本，同时设备性能的劣化以及故障停机给生产带来的损失也日益明显。某些高性能设备的巨额投资，也要求设备应有较高的设备利用率。

设备维修与设备使用阶段的维护保养是设备管理中两个密切关联的基本环节，必须对这两个基本环节做好科学合理的安排。

设备的维修活动包含下述各方面的内容：维修技术管理、维修计划管理、维修经济管理、维修器材管理以及对实施维修的结果进行测定和评价。并且将上述活动与提高整个设备维修水平联系起来，进而提高现代设备的管理水平。

1. 维修技术管理

维修技术管理内容涉及：维修方式的研究，维修保养工作的组织；性能分析，故障分析，平均故障间隔期分析；改善维修分析，更新分析，维修保养基准的确定；防蚀管理，润滑管理，图样管理；项目管理，维修技术改进；标准化的推进；技术经济分析；安全管理，环境保护管理。

2. 维修计划管理

维修计划管理内容涉及：施工计划，作业计划；外购件管理，对外委托工程管理；检修作业管理，工程施工管理，品质管理。

3. 维修经济管理

维修经济管理内容涉及：预算编制，预算管理；工程审议与评价；经济核算，修理成本分析。

4. 维修器材管理

维修器材管理内容涉及：管理方式，购买计划，订货管理，备件计划；入厂验收、保管、支出、库存管理、备件管理；器材标准化。

5. 维修效果评价

维修效果评价内容涉及：评价方式，修理费，事故损失；要因分析，维修保养报表；设备台账，档案；维修保养效果，奖惩办法。

维修不足，则设备劣化和故障停机损失将会增加。但维修活动过于频繁，虽然使设备的劣化和故障停机损失减少，但维修费用势必要增加，这就造成过度维修。因此，设备的维修活动必须进行优化，使设备维修费用与设备劣化以及故障停机损失费用之和趋于最少，这样的维修活动安排将是较为理想的。

第二节　机械设备的磨损及对策

一、设备磨损的形式及度量

机械设备的磨损或损耗是进行修理的前提。在使用或闲置过程中，设备的物质形态和价值形态都要发生损耗。我们可以把两者的损耗称为机械设备的广义磨损，其含义是设备物质实体功能方面的低劣化和价值形态的贬值。

设备的磨损可分为有形磨损和无形磨损两个方面。

1. 设备的有形磨损及其度量

机械设备在使用过程中，由于摩擦、冲击、振动、疲劳、腐蚀、断裂、变形等造成实物形态的变化，使功能逐渐（或突然）降低以至丧失，称为第一种有形磨损。

设备在闲置过程中，锈蚀、老化、变质等原因也要造成实物形态的变化，使功能降低以至丧失，称为第二种有形磨损。

因为最直接影响机械运动质量的因素是零件的尺寸精度，所以在机械设备中，通常用尺寸的变化来反映零件的磨损量。设 n 个零件发生了磨损，第 i 个零件的磨损度 α_i 为

$$\alpha_i = \delta_{pri}/\delta_{mi} \times 100\% \tag{8-1}$$

式中　δ_{pri}——i 零件的实际磨损量（mm）；

　　　δ_{mi}——i 零件的最大允许磨损量（mm）。

因为并非所有的零件在机械中都扮演同等重要的角色，所以用加权的办法区分磨损零件在影响设备功能的程度方面的主次轻重。设 n 个被测零件对机械功能的影响之和为 100%，其中，第 i 个零件的影响程度（重要性）为 W_i，并有

$$\sum_{i=1}^{n} W_i = 1 \tag{8-2}$$

则整台机械设备的磨损度为

$$\alpha_p = \sum_{i=1}^{n} \alpha_i W_i \tag{8-3}$$

必须知道机械设备的功能是个综合指标，只有那些直接影响机械基本功能的零部件，才应该被视为进行估量的对象，而不能把一切磨损件不分主次地均纳入式（8-3）的计算中。

在企业做设备修理决策时，最方便的还是用修理费作为指标，从价值上来度量有形磨损程度。这时

$$\alpha_p = R/K_1 \tag{8-4}$$

式中　R——恢复全部磨损零件（包括装拆）所需的修理费；

　　　K_1——在确定机械设备磨损度时，该种设备再生产（或再购）的价值。

$\alpha_p < 1$，设备还有修理价值；$\alpha_p \geq 1$，则此设备已无修理必要，可用买新换旧的方法来解决。

2. 设备的无形磨损及其度量

设备的无形磨损表现在价值的贬值上，它不是由于使用过程中的自然力的影响所产生的。造成贬值的原因有两个方面。

1）由于技术进步和劳动生产率的提高，生产同样机械设备的消耗成本，将不断降低，迫使原设备贬值。这种贬值称为第一种无形磨损。

2）由于出现了比原设备在结构上、原理上、功能上、造价上等都优越的新设备，原设备显得技术上陈旧，功能落后，由此造成贬值。这种贬值称为第二种无形磨损。

无形磨损的程度用设备的价值降低系数 α_1 来估量，即

$$\alpha_1 = (K_0 - K_1)/K_0 \tag{8-5}$$

式中　K_0——机械设备的原始价值（购置价）；

K_1——考虑到无形磨损时,设备再生产(再购)的价值。

3. 设备综合磨损的度量

机械设备在购置安装后,不论使用与否,同时存在着有形磨损和无形磨损,两者都使它的价值降低。机械设备在某个时刻的综合磨损度为

$$\alpha = 1 - (1 - \alpha_p)(1 - \alpha_1) \tag{8-6}$$

设 K 为设备的残值,这是决定设备是否值得修理的重要依据。

$$K = (1 - \alpha)K_0 \tag{8-7}$$

把式(8-4)、式(8-5)、式(8-6)代入式(8-7),得

$$K = K_1 - R \tag{8-8}$$

即设备残值等于再生产的价值减去修理费用。

当 $K > 0$ 时,设备还有价值;当 $K = 0$ 时,设备已无价值;当 $K < 0$ 时,设备不再具有修理的意义。

二、设备磨损的补偿方式与修理层次

设备磨损的补偿方式就是为了恢复或提高设备系统组成单元的功能,而采取的追加投资的技术组织措施。由于损耗程度是不均匀的,必须将各组成单元区别对待。一些有形磨损,可以通过某些修复技术去修复它。但有些损耗则不能修复,如零件断裂,材料老化等,只能通过零件更新的办法去恢复设备系统的原有功能。而无形磨损的消除,只有在采取措施改善其技术性能,提高其生产工艺的先进性等后才能达到。

返修、更换和现代化改装,是设备磨损补偿的三种方式,这三种方式的选用并非绝对化。当某些可以消除的有形磨损的修复费用很大时,就应考虑是否改用更换的方式。倘若有形磨损与无形磨损程度接近,就应考虑是否进行设备更新,以高效率的设备来取代老设备。当有形磨损严重,而无形磨损尚少的时候,进行修理是适当的。总之,补偿方式是一种对策,归根结底取决于进行补偿时的经济评价。

在技术上和生产组织上,设备维修始终是设备管理中工作量最大,内容最繁杂的一部分,以至于人们为了越过这一阶段,在现代科学技术的基础上实行大规模的标准化生产,尽可能地降低设备及其零部件的成本,使更换和更新的费用低于维修费,这就是无维修设计。

可是,无维修设计至今只能用于低值易耗的设备或零部件,而对技术密集、资金密集的设备仍不免要维修。生产技术越向大型、复杂、精密的高级形式发展,设备的价值含量就越大。所以,维修费占生产总成本的比重不是减小,而是增大了。

对设备磨损进行补偿时,应考虑以下两个问题。

1. 维修时零部件的区分

相对应于各种补偿方式,在对一台设备或一个设备系统进行修理时,可把它的零部件区分为:

(1)留用件 未发生磨损或虽发生一些磨损但仍能实现其功能的零部件。
(2)返修件 用返修方式进行补偿,全部或局部恢复其功能的零部件。
(3)更新件 用更换的方式进行补偿,全部恢复其功能的零部件。

(4) 改制件　用技术改造方式进行补偿，提高其功能的新制零部件。

2. 修理层次

在维修过程中对磨损设备进行的补偿，可按修理内容及范围的深广度，区分为大修、中修、小修、项目修理、设备改造和计划外修理等几种不同层次。

(1) 大修　目的是全面恢复或基本恢复设备的功能。大修时将对设备进行全部或大部分的解体，重点在于修复基础件，更换和修理因磨损而丧失或即将丧失功能的零部件，调整后的精度基本上达到原出厂时的水平，并对外观重新进行整修。

(2) 小修　以更换和修复在修理间隔期内磨损严重或即将失效的零部件或器件为目的，不涉及对设备基础件的修理问题。

(3) 中修　中修是一种介于大修和小修间的层次。中修对设备进行部分解体。

(4) 项目修理　在设备运行情况和状态监测的基础上，专门针对即将发生故障的零部件或技术项目，进行事前计划性的修理。项目修理是穿插在大、中、小修之间，没有周期性的一种计划维修层次。

(5) 设备改造　用新技术、新材料、新结构和新工艺，在原设备的基础上进行局部改造，以提高原设备的功能和精度，提高生产率和可靠性。这种修理属于改善性的维修，工作量的大小取决于原设备的结构对实行改造的适应性程度，以及人们对原设备功能提高到何种水平。

(6) 计划外修理　由于突发性故障和事故而必须对设备进行的一种修理层次。设备的管理水平越高，计划外修理的次数和工作量应越少。

三、设备维修计算和维修计划的编制

设备维修可分为大修、中修、小修三种主要层次，中修、小修费用直接摊入产品成本，大修费用以及其他三种修理层次的费用，则由设备维修基金开支。当然行业不同，设备种类和性能差异较大，对设备修理计划的安排会有所不同，但基本原理是一样的。

（一）修理周期结构

修理周期结构是指在一个修理周期内，大、中、小修理的次数与排列程序，通常如图 8-1 所示。

修理周期实际上就是两次大修之间的间隔时间。不分大、中、小修理之间的间隔时间，称为修理间隔期。

图 8-1　修理周期结构

（二）修理工作定额

根据各种设备修理复杂系数，计算修理工作的劳动量定额、所需工人数及停修时间。

1. 修理复杂系数 F

修理复杂系数能说明各企业设备的复杂程度，用 F 表示。通常以 C620 普通车床为标准机床，修理复杂系数定为 10，比它复杂的设备，复杂系数大于 10；反之，复杂系数小于 10。

2. 修理工时定额（小时）H

根据设备修理复杂系数确定修理工时定额，一般是通过历史统计资料测算单位复杂系数所需工时定额。表 8-1 所列的是一般机床修理工时定额标准。

表 8-1　一般机床修理工时定额标准（单位复杂系数所需时间）　　　（单位：h）

项目	清洗	预检	精检	检查	小修	中修	大修
钳工	0.6	0.9	1	1	9	30	40
机工				0.5	3	13	20
电工		0.5	0.5	0.5	1.5	10	12
其他						4	4
合计	0.6	1.4	1.5	2	13.5	57	76

不同行业的设备维修资料会有差异，不同时期的生产科技水平也有所不同，定额标准到一定时候需要重新修改确定。

3. 修理工作有关计算

（1）计划年度 n 台设备修理的劳动量 $L(\mathrm{h})$

$$L = \sum_{i=1}^{n} HF_i \tag{8-9}$$

式中　H——单位复杂系数工时定额；

F_i——第 i 台设备的修理复杂系数。

（2）计划年度 n 台设备修理所需人数 R

$$R = \frac{L}{306 \text{ 天} \times \text{计划出勤率} \times \text{每班工作小时}} \tag{8-10}$$

（3）一台设备因修理停歇的时间 T（天数）

$$T = \frac{FH}{R_s mW} + T_0 \tag{8-11}$$

式中　R_s——每班所需工作的人时数；

m——每日工作班次数；

W——修理定额完成系数；

T_0——其他停机时间。

这里的其他停机时间包括设备基础校正、地基浇灌及设备修理后油漆干燥时间等。

4. 修理费用

设备修理费用定额可根据各种不同设备以往修理支出的历史资料，进行估算后制订。各种修理费用定额也是按一个复杂系数所花费的元数来确定。

（三）修理计划的编制

有了上述数据以后，即可着手编制设备修理计划。年度的修理计划必须在前一年的第三季度提出计划草案，以设备修理计划表的形式出现，表中有设备编号、设备名称、型号、复杂系数、修理类别、设备所在部门、计划停机天数等，按月份顺序安排修理。

第三节　零件修复技术

设备物质实体的有形磨损，用修理的办法进行补偿。在设备大修时，对磨损零件的修复，占修理工作量的一半以上。有时中修也要对设备做局部解体，并返修个别零件。零件修复是设备修理的基础。

虽然更换零部件可以节省修理时间和提高修理质量，但当更换费用大于返修费用时，人们宁可选择返修来追求经济利益。

零件修复或返修是一种特殊的加工制造和装配技术。零件修复一般是单件或小批量生产，较多地依赖水平较高的专业修理人员的素质。零件修复主要是技术问题，但同时也有管理问题。因为返修件的选择和返修方案，包括修复程度、修复方法、修理计划及组织等，都不是纯技术问题。对这些问题必须进行技术经济分析，才能达到科学决策。

随着材料科学的发展，应用先进材料和先进的表面涂层或处理方法，对有形磨损的零件进行修复或者进行表面改性来延长其使用寿命。

一、返修件的选择

更换和返修是对磨损零部件进行补偿的两种形式。一般情况下，对不可消除的有形磨损实行更换，对可消除的有形磨损实行返修，但两者的区别并非是绝对的。到底采用哪种补偿方式，先要估算一下更换成本和返修成本的大小，再结合本企业进行维修的设施条件，才能做出抉择。

在设备修理中，作为更换对象的零部件通常为：
1）标准件，如传动带、链条、弹簧和紧固零件等。
2）标准化部件或装置，如滚动轴承、联轴器、离合器、制动器、阀门等。
3）小型专用易损件，如轴瓦、活塞环、灯泡、开关、隔套等。

作为设备更换对象的更换件，常作为备件库存，其技术状况一般与新设备所装用的相同。

返修主要是针对设备上基本构件而言的，基本构件就是在机构运动简图上反映出来的包括机架在内的全部构件。有些构件在机械设备中占有特殊重要的地位，如机床的主轴和床身等，它们既是体现基本功能的主体构件，又是装配时的基础，即很多零部件的位置精度要以它们为基准去确定，它们的磨损对设备功能的影响甚大，这些构件又称为基础构件。

基础构件是返修的重点和起点。基础构件在重量、加工量、返修时的工作量、结构复杂性等方面，都占有较大比重。它们也包含了机械设备较大部分的原始造价和残余价值。因此，对基础构件进行修旧利废，比实行更换合理。

二、返修件的测绘和技术条件的确定

返修工作中经常要碰到从失效零件绘制返修生产图样的问题，并确定其技术条件，这是设备技术管理的重要内容。因为设备生产厂家通常提供给用户的是设备装配图样，或者是设备安装图样，不提供零件工作图，因此，用户要根据失效或磨损件进行测绘，画出来的图样不可能完全符合原来的设计，它有可能低于或高于原图的设计要求。

1. 测绘返修件图样参考方法

1）认清度量基准是正确测绘的前提。测绘时，首先要找出零件磨损表面几何元素的基准。

2）选择失效件上未损坏的部分为测量的依据。

3）利用零部件的对称结构进行判断磨损部分的原始形状和尺寸大小。

4）利用配合件的相互关系，推断出失效件的尺寸、精度、表面状况及材质等技术条件。

5）充分运用设计手册，熟悉标准化的各种资料，可容易地从失效件的形态查知原来的尺寸和技术条件。

6）利用机械原理的知识进行测算。

最典型的情况是齿轮失效件的测绘，采用测量公法线长度的方法来确定齿轮的标准模数，以及判断和分析失效齿轮属于标准齿轮还是变位齿轮。变位系数的大小可通过下式算出：

$$X = \frac{W' - W}{2m\sin\alpha} \tag{8-12}$$

式中　X——变位系数；

　　　W'——实测的公法线长度；

　　　W——按机械原理公式计算的标准齿轮的公法线长度；

　　　m——模数；

　　　α——压力角。

2. 确定返修件的技术条件

用户确定的返修件技术条件，可能与原设计图不符，这并非什么错误。但用户对原设计的任何修改都必须持慎重态度，特别是对于高温、高压、高电压、耐腐蚀和防毒密封等设备，修理过程中的任何修改都要有十分可靠的依据才能进行。同时，从法律方面说，修改原设计后发生的功能降低或由此引发的生产安全事故，应由用户自己承担责任，不能再追究生产厂家的法律责任。

确定返修件的材质时，先要从失效零件上辨认它使用的材料，再按机械设计的方法规定它的机械、物理性质。

其他技术条件中，最主要是根据修复程度的决策，确定零件的尺寸精度和表面粗糙度。设备管理人员从故障分析报告和操作人员长期使用设备的感受中，可以判断对哪些关键部位的尺寸精度和表面粗糙度需要进行改善。因为返修件的精度直接影响设备修理费用，所以对那些即将更新的设备，其返修件的技术条件可适当降低。

三、装配精度和补偿环的选择

零件磨损产生的直接后果是装配精度降低。一台机械设备的质量如何，决定于它的各个构件的装配精度，尤其是基础构件的装配精度影响甚大。例如，设备的运行精度就决定于运动副的装配间隙。因此，当我们在确定返修件的尺寸精度时，要考虑到运动副的装配精度。另外，有些装配精度受多个零件尺寸误差的影响，应注意这些零件尺寸之间组成互为消长关系的尺寸链。

机械修理中，总是选择那些容易加工和加工量小，且易于安装调试的零件或构件，来担当尺寸链中补偿环的角色。通常，控制轴上零件在装配后的轴向间隙，多采用隔套、衬圈等为补偿环；而以平面为安装基准的，多选取垫板以及底面加工量不大的支座或箱体等为补偿环。选择补偿环是一种减少返修工作量，缩短修理工期的重要技术措施。

四、几种广泛采用的修理新技术

1. 热喷涂技术

将粉末或线状的材料加热到熔化状态，再用高速气流将此熔化状态的材料吹成雾状，喷射到零件表面上，形成一层覆盖层，这种技术称为热喷涂。

热喷涂可以随着喷涂材料的不同，而获得不同硬度和耐磨、耐热、耐腐蚀、润滑、导电或绝缘等特殊性能的涂层。这种技术常用于轴类零件、内孔、导轨和机件平面的修复和强化。

经喷涂后的零件，一般都需要经过再加工才能使用。对于喷钢件，加工过程包括渗油处理、除去虚浮涂层、机加工等几个步骤。

以等离子弧作为喷涂热源的等离子喷涂，可使零件的寿命提高 1~8 倍。但是这种新工艺成本较高，而且由于高温易使零件变形，不适宜修复薄壁零件。目前，用这种技术修复动力机械中的阀门、阀座、气门等的磨损部位，取得良好成效。

2. 刷镀技术

随着现代加工技术的不断发展，设备零部件的维修技术得到了相应发展。在设备修理中使用电镀技术，主要用于修复磨损量不大、精度要求高、形状结构复杂、批量较大和需要某种特殊镀层的零件。电镀通常有槽镀和刷镀两种，槽镀是一种传统的电镀技术，刷镀技术又称为无槽电镀，刷镀技术是从槽镀发展起来的，虽然其基本原理与槽镀相同，都是用电解的方法使金属表面获得覆盖层，但刷镀是在金属工件表面局部快速电化学沉积金属的一项新技术，它创始于 20 世纪 60 年代，我国 20 世纪 80 年代开始研究和应用这一技术。要修复的金属工件接直流电源的负极，正极与镀笔相接，镀液中的金属正离子在电场作用下在阴极表面获得电子而沉积涂镀在阴极表面。刷镀主要用于修复量小的零件，一般镀层厚度在 0.001~0.5 mm。

刷镀不仅能增大零件的局部尺寸，还可提高零件的耐磨性（如镀铬、镀铜等）、抗腐蚀性（如镀锌、镀镍等）和表面导电性（如镀银）。

刷镀加工的特点有：

1) 不需要镀槽，可以对零件局部表面涂镀，设备简单，操作方便，机动灵活性强，可在现场就地进行，不易受工件大小、形状的限制，甚至不必拆下零件即可对其局部刷镀。

2) 刷镀液种类多，可涂镀的金属比槽镀多，选用更改方便，易于实现复合镀层。只要调换刷镀液，一套设备可镀积金、银、铜、铁、锡、镍、钨、铟等多种金属。

3) 镀层与基体金属的结合力比槽镀的牢固，镀液中离子浓度高时浮镀速度比槽镀快，镀层厚薄可控性强。

4) 因工件与镀笔之间有相对运动，故一般都需要人工操作，很难实现高效率的大批量、自动化生产。

刷镀技术的主要应用范围为：

1）修复零件磨损表面，恢复其原来尺寸和几何形状，实施超差品补救。例如，各种轴、轴瓦、套类零件磨损后修复，以及零件加工中尺寸超差报废时进行修复。

2）填补零件表面上的划痕、凹坑、斑蚀、孔洞等缺陷。例如，机床导轨、活塞油缸、印制电路板的修补。

3）大型、复杂、单个小批量的表面局部镀镍、铜、锌、镉、钨、金、银等防腐层、耐腐层等，改善零件表面性能。例如，各类塑料模具表面涂镀镍层后，很容易抛光，表面粗糙度值可达 $Ra0.1\mu m$，甚至更佳。

3. 堆焊

堆焊是在零件表面堆熔一层金属的焊接工艺。利用堆焊方法修复零件，可以恢复磨损零件的尺寸，还可以赋予零件工作表面一定的特殊性能，是修复零件的重要手段之一。在修复已磨损零件的各种方法中，堆焊方法有如下优点：

1）生产率高，可以快速得到大厚度的堆焊层，对磨损量大的零件特别适用。
2）一般情况下，无须经过热处理就能获得高硬度和高耐磨性的表面。
3）焊层与基体间的结合强度高。
4）一般堆焊设备不复杂，技术易于掌握。

但是，用堆焊法修复零件也有一些缺点，主要有堆焊焊缝和热影响区容易产生裂纹；修复后的零件疲劳强度往往有所降低。

埋弧堆焊、振动堆焊是目前应用广泛的两种堆焊方法。

4. 喷焊

将金属粉末加热后，喷涂并熔化在零件表面上形成焊层的过程称为喷焊。使用氧-乙炔火焰进行喷焊时称为火焰喷焊。以等离子弧作为热源的喷焊工艺称为等离子喷焊。

喷焊技术可用来修复表面磨损的零件。当使用合金粉喷焊时，可使修复件比新件更加耐磨。

5. 粘接或胶接

粘接是利用粘接剂把两个构件或破损零件连接起来的一种工艺。粘接剂简称为胶，它的作用取决于粘合力的大小。当两个被粘合的物体进行胶接时，粘合强度随着粘接剂与被胶接物体间的粘附力以及粘接剂本身的内聚力的增大而增强。通常，粘胶内部的内聚力总是大于它与物体间的附着力的。因此，胶接质量归根到底是受粘附力的影响。

胶接的优点是适用范围广，不论金属材料、非金属材料或金属与非金属之间均可进行胶接，不受尺寸形状的限制。胶接时温度低，不会产生热应力和变形。但胶接也有它难以克服的许多不足之处，如不耐高温，胶接强度比基体的强度低得多，粘接剂会老化变质等。

6. 管道带压密封技术

在流程式的工业企业中，大量使用管道来输送气体、液体或固体等物质。这些管道运行时一般都要承受压力，当发生管壁破损时即有泄漏现象发生。压力越大，带来的损失也越大。电力、石油、化工、冶金、制药、食品等企业，管道泄漏时有发生。如果在不停止设备系统运行的状态下，对泄漏的管道进行修理，在经济上有很大的意义。

管道带压密封技术，是在管道泄漏部位装置堵漏夹具后，用高压泵或注射枪将由橡胶制剂制成的密封剂注入需要堵漏的部位夹具空腔中,并迅速固化,达到堵漏的目的。这项密封技术目前应用比较广泛。

 思考题

8-1 设备的维修活动包括几个方面的内容?

8-2 叙述设备修理层次。

8-3 叙述几种广泛采用的修理新技术。

第九章

设备的折旧、改造与更新

设备折旧是指设备在使用过程中逐渐消耗，而转移到产品成本中去的那部分价值。企业为了保证固定资产再生产资金的来源，应将这部分价值从销售收入中及时提取出来，形成折旧基金，用于企业的设备更新和技术改造。

合理地计算提取折旧，对企业具有多方面的意义：

1) 折旧基金为设备的及时更新和加速企业的改造，提供资金保证。

2) 折旧费是产品成本的重要组成部分，正确地计算和提取折旧才能真实反映产品成本和企业利润，有利于正确评价企业的经营成果。

3) 企业的经营效果，自然会影响企业上缴国家的利税。因此，折旧费的大小也会影响到国家财政收入。

第一节 折旧的理论、方法和政策

企业的固定资产是生产过程中所投入的一种特殊的劳动资料。设备是固定资产的主要组成部分，它的购置价必须反映在生产过程的产品中，并通过产品在市场上的销售予以收回。由于设备要磨损，不可能指望设备无穷无尽地反复参加生产过程。为了维持设备的功能，要对设备进行维修和改造，也就是继续向设备投资，补偿或追加其价值，从而创造再生产的基本条件。同样，这种在设备购置以后的价值追加的部分，也要反映到产品中去。当折旧基金的累计总额等于设备购置费与大修费之和时，折旧就应当停止。如果把折旧过程任意延长下去，等于提高了产品的成本和售价，这实际上是降低了产品在市场上的竞争力。如果过早地停止折旧，尚有一部分购置价值和大修理追加价值未予以收回，搞赔本的产品销售，那也是错误的。总之，这两种情况都会造成产品成本的假象，不利于企业和设备管理。

一、折旧问题的三要素

定量地研究设备折旧问题，主要抓住它的三个基本要素。

1) 计划折旧回收总额。

2) 合理的折旧期。

3）折旧计算方法。

1. 计划折旧回收总额 K_j 的确定

在设备使用过程中，应用折旧的手段必须和可能回收的设备价值，称为计划折旧回收总额，用 K_j 表示。这个总额由两大部分组成：一是基本折旧回收总额 K_b，二是大修理折旧回收总额 K_R，即

$$K_j = K_b + K_R \tag{9-1}$$

而

$$K_b = K_0 - (K_s - K_c) \tag{9-2}$$

式中　K_0——设备原始价值，由设备购置价、运输费、安装费和有关的杂费共同组成的设备购置费；

　　　K_s——设备的残值，是指它与原来的企业相脱离时所具有的价值量；

　　　K_c——设备清理费，对于废旧设备拆除清理必须支付的费用。

2. 确定设备折旧年限的一般原则

关于确定设备折旧年限的决策问题是设备管理的一项基本战略。合理地确定折旧年限，不仅是正确计算成本的依据，也是促进技术进步和有利于设备现代化的重大经济政策。

1）正确的折旧年限应该既反映设备有形磨损，又反映设备无形磨损，应该与实际损耗基本相符。

2）应从国家的财政、经济发展水平来考虑，因为折旧费的大小影响到国家的财政收入。随着工业技术的发展，国民经济的发达，将会进一步缩短设备的折旧年限。

3）要考虑企业技术改造和财务承受能力的平衡。

4）对设备制造和供应部门来说，过快的折旧和更新，会造成新设备制造和供应的困难；但更新速度过慢，又会促使制造和供应部门的停滞不前和销售不景气现象；另外，还应考虑设备制造的能力和任务问题。

所以，合理的折旧制度，正确的折旧年限，对于促进企业装备素质的提高，提高企业效益，加速国民经济发展，均起着十分重要的作用。

3. 折旧方法归纳

折旧方法归纳如图 9-1 所示。

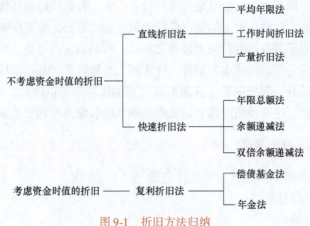

图 9-1　折旧方法归纳

目前在我国使用最广泛的是平均年限法，它在财务上有计算方便的优点。这种方法用来计算各种大型的、通用的、使用年限较长的设备较为适宜。它的最大弊病是未考虑资金的时值，未能确保设备投资的回收。

二、折旧方法的计算

对于上面归纳的 8 种折旧方法，我们选择几种方法进一步介绍。

1. 平均年限法

在设备折旧期内平均地分摊设备的价值和全部大修理费用。设备折旧年限为 T，T 年内设备大修理费用总和为 K_R，T 年后设备残值为 K_s，T 年后新置同样设备的价值为 K_T，清理费用为 K_c，于是设备的基本折旧额 r_b 为

$$r_b = \frac{K_0 - (K_s - K_c)}{T} \tag{9-3}$$

设备的基本折旧率 α_b 为

$$\alpha_b = r_b / K_T \times 100\% \tag{9-4}$$

设备的大修理折旧额（提存额）r_r 为

$$r_r = K_R / T \tag{9-5}$$

设备的大修理折旧率（提存率）α_r 为

$$\alpha_r = K_R / (T K_T) \times 100\% \tag{9-6}$$

一个企业中的各种设备，应有不同的最佳使用年限，因而要为各种不同的设备规定不同的折旧年限。

2. 工作时间折旧法

对于价值大而又不经常使用的某些大型、精密设备，按使用年限分摊很不准确，于是采取按实际使用时间分摊的办法。若设备利用率为 A，设备每年的工作时数为 h，其单位小时的折旧额 r_h 为

$$r_h = \frac{K_0 - (K_s - K_c)}{A T h} \tag{9-7}$$

若设 N 为本期实际工作小时数，则本期内应计划提取的折旧额为

$$r_N = r_h N \tag{9-8}$$

3. 年限总额法

将折旧回收额乘以年限递减系数，这样计算出的折旧额是先高后低，在最佳年限中，各年的折旧额不相等。

计算方法为：求取某年 $t(t \leq T)$ 的折旧额 r_t，即

$$r_t = \frac{T - t + 1}{0.5 T (1 + T)} (K_0 - K_s + K_c) \tag{9-9}$$

例 9-1 某设备原价值 7400 元，残值预计为 200 元，最佳使用期为 8 年，求各年的折旧额。（$K_c = 0$）

解：按式（9-9）算得各年度的递减系数和折旧额见表 9-1。

表 9-1　各年度的递减系数和折旧额

年　　度	递减系数	折旧额/元
1	8/36	1600
2	7/36	1400
3	6/36	1200
4	5/36	1000
5	4/36	800
6	3/36	600
7	2/36	400
8	1/36	200
合计	1	7200

4. 偿债基金法

在设备的最佳年限内，按直线折旧法计算提取每年的折旧额，同时按一定的利率计算利息。设每年提取折旧额为 r，资金利润率为 i，折旧年限为 T，则历年提取的折旧与利息之和分别为

第 1 年　　　　　　　　　　　　$r(1+i)^{T-1}$

第 2 年　　　　　　　　　　　　$r(1+i)^{T-2}$

$$\vdots$$

第 T 年　　　　　　　　　　　$r(1+i)^{T-T} = r$

如果不考虑清理费用，以上各年折旧与利息之总和，应与设备原值 K_0 和残值 K_s 之差相等，即

$$r(1+i)^{T-1} + r(1+i)^{T-2} + \cdots + r = K_0 - K_s$$

整理可得

$$r = (K_0 - K_s)\frac{i}{(1+i)^T - 1} \qquad (9\text{-}10)$$

例 9-2　某设备原值 $K_0 = 10000$ 元，计划折旧年限为 $T = 8$ 年，资金利润率为 $i = 10\%$，残值 $K_s = 500$ 元，试用偿债基金法计算每年提取的折旧额及利息。

解：

$$r = (10000 - 500)\frac{0.1}{(1+0.1)^8 - 1} 元 = 830.78 元$$

每年提取的折旧额及利息见表 9-2。

表 9-2　每年提取的折旧额及利息　　　　　　（单位：元）

年　　度	上年折旧基金累计数加本年利息	年末折旧基金累积数
1	0	830.78
2	913.86	1744.64
3	1919.10	2749.88
4	3024.87	3855.65
5	4241.21	5071.99
6	5579.20	6409.97
7	7050.97	7881.75
8	8669.93	9500.70

三、折旧政策和设备折旧基金管理

为国内企业的固定资产规定折旧方法和框定大致的折旧期限，是任何国家都要发挥的一项经济管理职能。设备如何折旧回收，期限多长，折旧率多高，直接联系着产品的成本和销售利润。因此，折旧问题不但涉及企业的利益，同时它也涉及国家的利益。因为产品税和净利润所得税是国家最主要的财政收入，国家为确保有计划的财政收入，就不得不干预企业的设备折旧问题。

快速折旧可使固定资金加速周转，能使设备更新较快，体现新工艺、新技术的进步，并获得税收、外贸等方面的优势。

折旧期过长，设备陈旧，影响产品的质量和数量，企业利益和国家利益都会受到影响。

企业承包不能只看到利润指标，造成拼设备、拼家底的虚假繁荣局面。国家通过审计、财务监督和税务手段来检查企业设备折旧政策的执行情况。设备的寿命周期全过程管理，必须反映在企业承包者的任期目标责任制之中。

设备折旧基金是组成设备更新和改造基金的基础，是具有补偿性质的基金，其主要用于设备磨损的补偿和对陈旧落后设备进行更新改造，是充分发展老企业潜力的必不可少的手段。

企业财务部门应按国家规定的固定资产折旧办法，提供设备折旧基金，并建立专门课目、账页，并将每年应提折旧基金数告知厂级领导和有关部门。企业计划部门应根据销售、留利、企业发展方向等因素安排折旧基金的预算计划。

设备管理部门根据折旧基金预算计划，会同有关部门编制设备更新改造计划，并组织实施。厂领导和审计部门应督促设备更新改造资金专款专用，不可挪作他用。

第二节 设备的技术改造和更新

一、设备技术改造的意义

设备技术改造是指应用新的技术成就和先进经验，改变设备的原有结构，给旧设备装上新部件、新装置、新附件，或将单机组成流水线、自动线所采取的比较重大的技术措施。通过技术改造能改善现有设备的技术性能，提高设备工作能力，使其主要输出参数接近或达到新型设备的技术水平，而所需费用通常低于设备更新的费用。

设备技术改造能充分利用设备原有技术物质基础，充分挖掘企业的潜力，发挥企业对原设备性能比较熟悉这一长处，以克服原有设备的技术陈旧状态，这是提高设备能力，采用新技术既现实又合理的途径。设备技术改造有时比更新设备具有更大的技术经济效果。特别是目前我国装备工业暂时还不能充分提供某些特殊的、高精度、高自动化的先进设备或成套的系统设备，若从国外引进这类设备，所耗外汇量很大。如果我们对某些现有设备采用新的技术进行改造，可使主要技术指标接近或者达到国际同类型设备的水平，那就减少昂贵设备的进口，从而为国家节约外汇。

二、设备技术改造的技术经济分析

在数种设备磨损的方案中,要确定设备技术改造是否属于最佳选择,应进行经济性比较。

设备技术改造的经济性分析,着重就设备技术改造与设备更新和设备大修理比较其设备投资、成本和生产率的方法来进行,见表9-3。

表9-3 设备技术改造的经济性分析

指 标	大 修 理	设备技术改造	设备更新
基本投资(费用)/元	K_r	K_m	K_n
设备年生产率	G_r	G_m	G_n
单位产品成本中有关设备费用部分/(元/件)	C_r	C_m	C_n

一般情况下,上述指标具有下列关系式:

$$\begin{cases} K_r < K_m < K_n \\ G_r < G_m < G_n \\ C_r > C_m > C_n \end{cases} \qquad (9\text{-}11)$$

分析式(9-11),可能出现下列几种情况:

1)当 $K_r/G_r > K_m/G_m$,而 $C_r > C_m$ 时,进行设备技术改造具有较好的经济效果。

2)当 $K_r/G_r < K_m/G_m$,$C_r > C_m$ 时,可根据投资回收期 T 的标准进行比较,即

$$T = \frac{K_m/G_m - K_r/G_r}{C_r - C_m} \qquad (9\text{-}12)$$

式中 T——追加投资回收期。T 数值越小,则表示通过节约成本而实现的回收期越迅速。

一般情况下,计算所得的回收期 T 可与规定的标准投资回收期 T_n 相比较,若 $T \leq T_n$,则选择设备技术改造这一方案。

3)当 $K_m/G_m > K_n/G_n$,$C_m > C_n$ 时,显然,设备更新是最佳方案。

4)当 $K_m/G_m < K_n/G_n$,$C_m > C_n$ 时,同样可以用投资回收期标准进行判断,即

$$T = \frac{K_n/G_n - K_m/G_m}{C_m - C_n} \qquad (9\text{-}13)$$

当 T 小于或等于标准投资回收期时,设备更新的方案是合理的。如果超过了规定的回收期标准,则应选择设备技术改造这一方案。

三、设备技术改造的基本方向

1. 提高机械设备的生产率

采用新的科学技术成就,使设备的机械化、自动化程度得以提高,减轻工人劳动强度,提高设备效率。产品品种稳定并批量较大时,可进行设备的专业化改造,设备效率可大大提高。

2. 提高设备的产品质量

采用新结构、新材料提高设备精度、性能和性能持久性,保证产品质量的进一步

提高。

3. 扩大设备的工艺可能性

增设新部件、新装置,以适应不同工艺产品的开发生产。

4. 改善设备操作条件和维修条件

增设安保装置使操作者的工作环境得以改善,推广诊断技术和状态监测,实现设备可诊断化,并改进设备可靠性和维修性,以改善设备维修人员的维修条件。

5. 采用节能新技术改造老设备

我国能源资源并不丰富,通过节能技术改造可取得十分喜人的经济效益和社会效益。

四、设备更新

设备更新是指用技术性能更完善、经济效益更显著的新型设备来替换原有技术上不能继续使用或经济上不宜再使用的陈旧设备。进行设备更新的目的是提高企业技术装备的现代化水平,以提高产品质量,提高设备生产率,降低消耗和迅速适应企业生产经营目标,加强企业在国内外市场生存和竞争能力。

通过对国际上一些工业发达国家的发展过程进行分析,国家经济兴衰与本国采取的设备更新政策有着密切的关系。例如,美国、日本等国都是采取鼓励企业设备更新的政策,使企业技术装备水平不断提高,并大大领先一般发达国家,因而才取得目前这样经济发展的成果。

但除了国家政策之外,设备更新自然要受到国家财力限制和企业财力限制。企业如果没有足够的设备更新资金,国家又不给企业贷款,企业是无法进行设备更新的。

积极开展设备更新工作,可以充分挖掘现有企业潜力,不断加速企业技术进步的步伐,比新建一个企业具有投资少、见效快等优点。

1. 设备更新方式

设备更新一般有两种方式。

(1) 原型更换 设备经过多次大修,已无修复价值,但尚无新型设备可替代,只能选用原型号新设备来更换已陈旧的设备,这样能达到保持原有生产能力,保证设备安全正常运行。

(2) 新型更新 以结构更先进、技术更完善、性能更好、效率更高、耗能更少的新型设备,来更新已陈旧的设备,这是设备更新的主要方式。

2. 设备更新的对象

(1) 役龄超期的设备 超过预定的使用年限,设备的有形磨损和无形磨损都达到相当大的程度,难以再恢复设备预定的功能,如继续使用运行费用会大大增加。

(2) 性能差影响产品质量的设备 由于自身存在难以消除的缺陷,设备技术性能、可靠性、维修性、经济性都较差。

(3) 经过多次大修已无法修复的设备 设备每进行一次大修理,其性能要下降一些,而设备运行费用将逐步增加,大修间隔期也会缩短,大修费用也将逐次递增。过多的大修在经济上是不合理的。而且还会阻碍设备技术进步。

(4) 技术落后的设备 技术落后的设备主要是指由无形磨损引起的,设备生产率低、劳动强度大、性能不良、环境污染严重、能耗大、不宜再继续使用的设备。

凡遇上述各类设备，应优先列入考虑进行设备更新的清单，再通过进一步的技术经济分析，最后才能做出设备更新决策。

 思考题

9-1 合理地计算提取折旧有何意义？

9-2 叙述折旧问题三要素。

9-3 叙述确定设备折旧年限的一般原则。

9-4 叙述折旧的年限总额法。

9-5 叙述设备技术改造的意义。

9-6 设备技术改造的基本方向是什么？

第十章

设备信息管理和计算机应用

随着电子技术的迅速发展以及计算机技术的推广应用，在生产过程越来越复杂、对管理要求越来越高的现代化企业中，为了提高管理效率和质量，企业已采用了自动控制的生产管理系统，并在设备管理与维修部门开始应用计算机信息管理系统。计算机信息管理系统具有强大的数据处理能力，可完成数据报表资料的统计和分析，还可进行各种计划的编制工作。在现代设备管理中，需要用计算机对各种数据进行存储分类、统计计算和编制预算，如投资规划、生产过程监测、维护记录、故障状态、停机工时、修理费用、备件库存、设备残值等。设备管理过程中大量应用计算机技术，将有利于现代设备管理水平的进一步提高。

设备信息管理是实现设备管理现代化的重要手段之一。要对设备实行有效管理，就要求对设备寿命周期中发生的纷纭复杂的数据信息及其相互关系，进行有计划有系统的处理。积极有效地运用电子计算机进行辅助管理，可为企业领导和设备有关人员及时提供有用的信息资源，使设备的运行处于有效的控制之中，按照企业的目标要求，优质高效地完成企业的生产任务和利润指标。

第一节 设备管理信息

一、设备管理信息的来源

设备管理的信息，来源于以下几个方面：
1) 上级政府部门的法规、政策、条例。
2) 企业内部的生产规划和设备管理的专业指标。
3) 行业内部和跨行业的设备管理信息。
4) 设备管理系统内部活动的动态信息。

二、设备管理信息的分类

对于设备管理的信息，通常可分为设备的前期信息、设备的使用期信息和设备的后期信息三大部分。

设备的前期信息包括设备投资经济评价分析信息、设备制造厂信息、设备采购合同信息（包括售后服务内容）等。

设备的使用期信息涉及的内容十分广泛，有设备台账信息、设备使用状态、设备运行数据及状态监测、设备故障记录和原因分析、设备维修作业信息、设备备件库存动态、设备经济效益分析等。

设备的后期信息包括设备大修后的使用状况、技术改造与更新、设备折旧、设备最终报废处理等。

三、管理者与信息

企业管理人员要提高管理工作的质量和效率，关键在于如何使用信息资源和建立信息系统，并据此提出改进工作的意见和做出有效的决定。特别是企业的高层领导和决策人员，必须全面地掌握企业内关于人力资源、设备资源、技术水平、资金、库存等方面的信息，还要掌握国内外市场的动态信息、上级制订的发展规划、其他同行企业的生产经营情况，才能做出正确的决策，制订出卓有远见又切合企业实际的生产规划和新产品投资计划。

任何一个单位或部门的管理人员，都必须善于开发和掌握信息，善于利用信息，才能使管理水平不断提高。

四、设备管理的指标体系

设备管理指标体系是评价设备管理效率和效果的一整套指标。国家制订的一套设备管理的政策性指标，用来评价设备投资效益，监督全社会的技术装备水平，引导设备发展方向。企业制订的一套设备专业指标，以保证投资效益，保证设备技术状态以实现企业经营目标。前者是宏观经济的需要，后者是微观经济的需要。国家政策性指标是企业制订专业管理指标的准绳，专业性指标是实现政策性指标的基础。

1. 政策性指标

政府作为社会管理者，从社会经济发展的需要和公众利益出发，制订技术装备政策，规定法定折旧率或折旧年限，规定限期淘汰的装备和鼓励发展的装备，引导投资方向，制订发展能源、交通等公用设施政策，同时对设备管理提出政策性的考核指标。此外，政府还作为国有资产的所有者，对设备资产的完整性、投资效益和资产增值等提出经营性指标。下面介绍几个常用的政策性指标。

（1）投资利用率

$$投资利用率 = \frac{设备年创利润}{设备投资额} \times 100\% \quad (10-1)$$

（2）设备总原值变化率

$$设备总原值变化率 = \frac{本年末设备资产总原值}{上年末设备资产总原值} \times 100\% \quad (10-2)$$

原值变化率大于1，表明资产增值，这项考核指标可防止资产转移，保证资产的价值完整性。

（3）设备资产总净值变化率

$$设备资产总净值变化率 = \frac{本年末设备资产总净值}{上年末设备资产总净值} \times 100\% \quad (10\text{-}3)$$

净值变化率大于或等于1，表明设备折旧费已完全用于更新改造，这项考核指标可防止企业短期行为，使装备素质不致劣化。计算时为了准确地反映资产的实际价值，应考虑资金的时间价值和设备价格的变化。

（4）主要生产设备完好率

$$主要生产设备完好率 = \frac{主要生产设备完好台数}{主要生产设备总台数} \times 100\% \quad (10\text{-}4)$$

（5）主要生产设备利用率

$$主要生产设备利用率 = \frac{主要生产设备实际开动时间}{按日历计算应开动时间} \times 100\% \quad (10\text{-}5)$$

（6）设备重大事故率

$$设备重大事故率 = \frac{设备重大事故次数}{实际开动的主要设备台数} \times 100\% \quad (10\text{-}6)$$

设备重大事故不仅影响企业的经济效益、资产损失和人身安全，有时还可能造成更大范围的损失，如交通中断、大量人员伤亡、环境污染、社会影响和国际影响等。

2. 专业管理指标

对企业设备管理的要求，是以最合理的费用为企业生产经营活动提供所需的技术装备，同时满足政策性指标的各项规定。为了评价各项业务工作的效率和效果，制订出一整套考核指标，作为企业实现预期经济效益和各项政策性指标的基础。

设备有效利用率、生产设备事故频率、设备故障停机率等专业性指标，在前面有关章节中已经做过介绍，这里仅介绍设备大修四个指标和备件资金两个指标。

（1）设备大修四个指标

$$设备大修计划完成率 = \frac{实际完成设备大修计划内台数}{主要生产设备大修计划台数} \times 100\% \quad (10\text{-}7)$$

$$设备大修平均工时 = \frac{大修各工种工时总和}{大修设备复杂系数总和} \quad (10\text{-}8)$$

$$每个修理复杂系数大修理平均成本(元) = \frac{全年实际大修理的费用(元)}{全年实际大修理设备总的修理复杂系数} \quad (10\text{-}9)$$

$$大修理计划准确度 = \frac{计划内实修台数}{计划大修台数} \times 100\% \quad (10\text{-}10)$$

（2）备件资金两个指标

$$备件资金占用率 = \frac{备件储备资金总和}{生产设备总的原值} \times 100\% \quad (10\text{-}11)$$

$$备件资金周转率 = \frac{年消耗金额}{年平均库存金额} \times 100\% \quad (10\text{-}12)$$

第二节　计算机在设备管理中的应用

设备管理信息系统（Plant Management Information System，PMIS）是为设备管理提供决策信息的系统。在企业中，可作为企业管理信息系统的一个子系统。利用电子计算机进行数据快速处理，能使企业设备管理的决策和控制及时、正确，使设备系统资源（人员、设备、物资、资金、技术方法）得到充分利用，并对牵涉面很广的设备工程的复杂任务，及时做出评价，采取有效措施保证企业经营目标的实现。

近几年来，我国在计算机辅助设备管理方面，取得较大的进展和成效，应用面涉及设备全过程管理的各个领域，有力地推动了设备现代化的进程。

通常，企业设备管理信息系统包括以下几个方面的内容。

1. 设备前期规划管理

设备前期规划管理是设备管理的初始重要内容，它涉及企业设备投资和技术改造规划、投资技术经济分析；设备订购计划；合同管理；自制设备及技术改造项目管理；更新改造计划等。

2. 设备资产管理

设备资产是企业固定资产的重要组成部分，是进行生产的技术物质基础。设备资产管理的主要内容包括设备台账处理；设备役龄；设备固定资产和折旧处理；设备报废等。

设备台账是掌握企业设备资产状况，反映企业各种类型设备的拥有量、设备分布及其变动情况的主要依据。设备台账一般有两种编排形式：一种是设备分类台账，它以《设备统一分类及编号目录》为依据，按类组代号分页，按资产编号顺序排列，便于新增设备的资产编号和分类分型号统计；另一种是按车间、部门顺序排列编制使用单位的设备台账。对精、大、重、稀设备及机械工业关键设备，应另行分别编制设备台账。

3. 备件管理

在设备管理系统中，备件管理是设备维修资源管理的一项重要工作，其管理的目标是：既要保证适应日常生产和设备系统动态维修的需要，又要尽量节约库存投资费用。只有科学合理地储备与供应备件，才能使设备的维修任务完成得既经济又能保证进度。根据设备日常维修记录，制订出各种备件的合理库存量，一旦库存量达到临界状态以下，计算机能及时报警，提醒备件采购人员及时补充，实现备件管理的计划性、合理性，提高备件管理水平。

备件管理包括：库存控制；分类显示；查询、统计和打印库存情况；备件资金占有指标；备件临界报警等。

4. 修理和维修管理

与设备维修活动有关的数据和信息的收集，是维修管理的一项基本工作。对收集到的数据和信息，进行必要的处理和加工，产生新的信息，以此作为制订设备维修计划的决策依据。通过计算机对设备维修记录进行统计分析，能发现设备的运行规律，可以合理地制订检修周期，防止维修不足和避免过度维修，减少对正常生产秩序的冲击。

这里涉及各类修理计划编制；修理计划执行及完成情况；平均修理时间、停机时间、设备有效利用率的统计；修理工时定额管理；修理费用管理等。

5. 状态管理

设备运行状态的监测管理是状态管理的重要内容。它涉及设备状态监测数据管理；运行状态监测报警；润滑管理；设备完好率；设备利用率；设备故障管理；设备事故处理等。设备运行状态的监测管理数据是计算机管理内容中占据内存最为庞大的部分。

6. 人员组织管理

设备操作人员、设备维修人员、设备管理技术人员的合理配备，人员素质培训，岗位技术培训，培训计划的实施，以及技术人员素质状况的动态管理，是人员组织管理子系统的重要内容。

7. 信息处理

对原有的设备信息数据要分门别类归档；对于来自行业内外的设备管理信息进行处理；对于企业的设备信息数据要定期更新，始终体现出设备管理信息的最新动态。

8. 综合分析

设备管理人员和企业设备主管人员，应用设备管理信息系统对企业设备管理状况可随时做出评价，或者改进管理。企业设备的新投资规划，或者企业设备的更新改造大规模项目，也可从综合分析子系统中有关数据作为决策的依据。

综合分析是提高企业设备管理水平的必要手段，从而促使企业设备管理向现代化、科学化方向迈进。

大型企业由于设备较多，可通过传输线路把许多台中心计算机连成网络，各基层设备单位使用一台中心计算机，通过自身的终端设备，共用网络内的数据库，相互通信，共享资源。由于电子计算机的广泛应用，使现代设备管理的水平得到进一步提高，并使现代设备资源的开发利用达到理想的最佳状态。

通信技术的发展，使行业性设备管理的水平又上了一个台阶。一个单位的设备管理信息可通过同步卫星，随时随地发送到行业中任何一个单位的信息接收系统，便于行业中信息交流，资源共享，优化管理。我国的石油化工行业在这个领域已先走了一步，并取得了可喜的成果。随着改革不断深化，企业的集约化程度不断提高，信息资源共享必不可少。

思考题

10-1 设备管理信息来源于几个方面？

10-2 设备管理信息分几类？

10-3 设备管理的指标体系分哪两大类？

10-4 企业设备管理信息系统包括哪些方面的内容？

10-5 谈谈企业应用计算机进行设备管理的好处。

第十一章

企业非标设备的规划、设计和制造

对于批量生产的大型企业来说，为了提高某个产品零件的生产率，企业经常会针对产品生产工艺中的几道工序，自行设计和制造专用设备，这就是企业中常说的非标设备。非标设备的生产是装备制造业中的一个部分，它具有装备制造业的各种性状和特征。

物质生产始终是人类社会赖以生存发展的基础，而物质生产离不开制造业。改革开放几十年来，制造业仍然是我国国民经济发展的主导产业，这是不容置疑的。一个国家制造业技术水平的高低，反映了这个国家经济实力和国防实力的强弱。我国加入 WTO 后，加快了我国经济融入国际社会的步伐和纵深程度，这给我们既带来机遇，也带来挑战。我国能否从制造大国走向制造强国，这要看我们能否用现代新技术、特别是用先进制造技术来提升现代装备制造业。

非标设备的设计和制造，与成批生产通用设备的设计和制造有很大的不同。因为非标设备生产台数一般很少，故非标设备的基础构件大多利用废旧设备的基础构件，在此基础上进行改进设计，以降低非标设备的设计和制造成本。设计和制造出来的非标设备，除了要达到提高生产率和降低工人劳动强度之外，还要考虑符合节能、降耗和环保的有关要求，对于非标设备的可靠性和维修性也不能忽视，非标设备作为生产设备的一部分，对于设备现代化的要求也不能缺少。

我国的经济增长至今仍然未摆脱依赖过度物质消耗为代价的传统发展模式，"高投入、高消耗、低水平、低效益"为特征的发展方式仍然占据主导地位，单位 GDP 的物耗和能耗都居于高位。作为资源消耗大户，制造业及其产品的能耗约占全国能耗的 2/3。中国人均自然资源严重不足，高消耗将导致对资源的高依赖，成为制约中国制造业发展的瓶颈，也会给国家的能源和资源安全带来严峻挑战。经济社会的高速发展和粗放型的发展模式，也使生态环境遭受了严重破坏，已严重威胁到人类的生存环境。因此，必须在制造业的发展中坚持贯彻"减量化、再利用、再循环、再制造"，大力发展绿色制造。企业非标设备的设计和制造，当然不可能例外，我们必须采用现代设计方法进行设备设计，以及采用先进的制造技术进行设备制造。

第十一章 企业非标设备的规划、设计和制造

第一节 非标设备的规划

对于批量生产的小型企业来说，它自己没有非标设备设计和制造的能力，在做非标设备规划时，自己只能根据产品生产工艺的要求，提出专用设备的设计思路，有哪几道工序应该在这台非标设备上加工完成，要提供出所加工零件的工作图，图样上要标清楚工艺要求。非标设备的设计和制造，只好委托外单位来进行。

大型企业通常技术力量都很强，各种技术人员都有，各种科室齐全，它们的生产技术科做非标设备的规划工作，非标设备的设计和制造将由设备动力科承担，后勤保障工作由采购供销科去负责，企业总工程师来做非标设备设计制造过程中的协调工作。

制造业是国民经济的物质基础和产业主体，制造业是经济高速增长的发动机。制造业技术水平的高低，是国家经济实力和国防实力的典型体现。在做非标设备规划时，一定要从现代制造业的特点和先进制造技术两大方面加以考虑。在进行非标设备规划时，与做常规设备规划情况具有某些相像的地方，同样要对非标设备的技术经济方案进行比较研究，这一点不可忽视。尽量使非标设备投入生产后，为企业取得更多的经济效益。

第二节 非标设备的设计

非标设备的设计没有统一的固定模式。但是我们要用现代新技术，特别是用先进制造技术来提升我国现代装备制造业，这是我们迫切需要研究的课题。其内容包括采用现代设计理论、先进设计技术与方法、现代设计与试验技术，以及采用现代先进的各种制造技术等。

下面我们以双头车削专用机床设计为例，来进一步讲解非标设备的设计思路。

现在要加工一个孔类托架零件，由于托架孔较长，托架孔两侧端面有平行度要求，托架孔两端要镗削轴承孔，有粗糙度要求以安装滚动轴承，故两端轴承孔同心度要求较高，托架孔两侧端口应要倒角加工。

按以上工艺要求，如果采用普通车床加工，零件加工的工序较长，而且零件需要掉头加工，这样托架孔两端镗削的轴承孔同心度难以保证，工艺装备也比较多，加工时间长，操作工的劳动强度较高。如果采用卧式数控加工中心进行加工，可以一次装夹就能完成上述加工要求。但是，卧式数控加工中心设备投入使用费相当昂贵。如果设计一台专用双头车削非标设备，在满足加工条件的情况下，同样是一次装夹，设备的投入使用费可以相当低廉。

从以上的实例可以看出，在非标设备的设计时，同样要对设备的投入进行技术经济分析，既要考虑设备投入使用的技术性能，包括非标设备的操作性、可靠性和维修性，同时也要预估计算设备的投入使用费用，从技术方案和经济方案两方面综合考虑，最后来做出非标设备的设计决策。这种设计决策的基础应有定性和定量的技术经济方案比较，从中选择最佳方案。

对于非标设备的基础构件，大多利用现有废旧设备的基础构件。例如，在旧机床床身

上进行改造设计。如果没有现成的床身,那只好设计结构简单、加工方便的基础构件。对于传动部件和动力部件的设计,通常采用标准部件,如传动丝杠、开合螺母、动力装置等。对于控制部件,尽量采用可靠性和维修性较好的现有元器件,以确保非标设备的控制性能要求。

至于这台双头车削专用机床的具体设计方案,可能要涉及机电一体化的内容,因为现代化的设备大多是机电相结合的产品。这种产品既可使设备的机械结构更为简单,又可使设备的可靠性和维修性得到改善,甚至还可提高设备的自动化程度,以减轻操作工的劳动强度。

第三节　非标设备的制造

非标设备的制造属于装备制造业的范畴,它会反映出制造业的许多特征。科学技术的进步改变了传统的制造业模式。现代制造业是运用多种现代新技术发展起来的制造业,它是采用当代各种高新技术尤其是先进制造技术,对原材料或中间产品材料进行加工或再加工,以及对零部件进行装配工业的总称。现代制造业所涉及的范围或者广度,已远远超过传统意义上的机械制造业。现代制造业几乎可涵盖所有实物形态的产品加工或制造,如传统的机械产品、电子产品、矿产品、化工产品、纺织品、农产品,还有生物医药产品等。现代制造业应是符合现代社会可持续发展理念的产业形态,它对推动国民经济的发展,有着明显的倍增效应。

下面,从现代制造业的特点和几项具有代表性的先进制造技术两大方面加以介绍。

一、现代制造业的特点

一方面,制造业的发展离不开高新技术;同时另一方面,制造业是高新技术的基本载体,具有十分重要的支持作用。例如,生产高新技术材料和元器件的半导体制造业、集成电路制造业、电子产品制造业,以及生产高新技术处理器、高新技术传输装置的计算机制造业、通信及网络设备制造业等,无一不是这种关系的充分体现。

由于已有多种现代新技术应用到现代制造业中去,现在现代制造业不论对哪类材料或产品进行制造生产和加工,通常都会具有以下几个方面的特点。

1. 制造装备的高技术化

如今,制造装备运用数控技术、机电一体化技术、集成电路技术、计算机技术、信息技术和网络技术,已相当普遍。现在每一项科学技术新成就,往往会包含多种学科和多项现代新技术在内,是交叉学科和边缘学科的产物。现代制造装备技术的高水平,正是多项高新技术综合应用的体现。

纳米材料的应用和发展,将使产品设计和制造本身发生革命性的改变。还有,功能陶瓷材料与金属材料的连接,适用于微型仪表和微型机械的设计和制造,具有较大的发展空间。

2. 产品深加工材料的高技术含量

具有某些特殊性质的新材料得到越来越广泛的应用,并改变着传统的机械设计思路和制造工艺方式。例如，纳米新材料现在可以说是最为典型的新材料，微纳米制造技术的应用，已引起越来越多科研人员的重视。

3. 产品设计的最优化

在新产品的研究开发过程中，采用计算机辅助设计，各项参数得以优化，计算机仿真、虚拟制造技术的应用，使产品的设计无论从产品的内部微观结构设计，还是从产品的外部宏观结构设计，均可获得最优化的设计效果。

4. 加工工艺的先进性

新材料和精密成形新工艺的应用，可使产品的生产周期大大缩短。并且，既可节省原材料资源的消耗，又可减少能源的浪费。我们国家人口众多，但物产资源并不丰富，这对于我国人均资源十分不足的基本国情来说，意义更为重大。

5. 可持续发展的适应性

绿色产品设计技术的运用，使产品在整个生命周期中符合环境保护和人类健康的需要，这为现代制造业适应可持续发展提供了有利条件，达到资源配置的最优化，减少不必要的资源浪费，节省人力、物力和财力。选择能再生产的原材料，减少废弃产品的环境污染，有利于环境保护，大大节省废弃物的处理费用，尽量做到资源的再利用。

二、先进制造技术

技术的先进性与时代密切相关，有时还要与国家及地域相关联。先进制造技术的发展，在不同的时代和不同的国家与地区，有其不同的目标和内容。

21世纪是科学技术迅猛发展的时代，信息化、网络化将进一步改变人类的生产方式、生活方式、社会组织结构和管理方式，正推动着经济全球化的进程。知识创新、技术创新和创新人才将成为替代和整合全球资源的关键因素，成为推动经济结构调整、经济增长方式转变、社会和谐文明、生态环境保护的主要推动力。我们必须准确把握时代特征，深刻认识我国国情，树立新的发展观念，以科学发展观为指导，促进制造业和制造技术的发展和创新，推动并加快实现我国由制造大国向制造强国的跨越。这既是我们面临的挑战，也是我们肩负的历史使命。

先进制造技术（Advanced Manufacturing Technology）以工艺过程技术为主体，采用先进的加工工艺，运用先进的加工技术和先进的制造设备，生产出成本最低、质量最优的产品。先进制造技术涉及产品生产的全过程，它包含工艺过程技术、加工技术、装备技术、管理技术等多方面的技术。在这里，我们重点介绍几项有代表性的先进制造技术。

1. 超精密加工技术

超精密加工技术（Super Precision Machining Technology）已广泛用于国防工业、航空航天工业、计算机芯片、光盘基片等行业的加工生产之中，这是先进制造技术的基础和现代制造业的重要支柱之一。超精密加工所能达到的精度，体现了一个国家制造技术已经达到的水平。目前，被加工零件的尺寸精度高于 $0.1\mu m$、表面粗糙度值小于 $Ra0.025\mu m$，并正在朝纳米（nm）级加工发展。

2. 先进成形技术

先进成形技术（Advanced Shaping Technology）包含精密铸造、精密塑性成形、粉末冶金零件的高精度成形等，这项技术已从原来只生产零件毛坯、接近零件形状，朝直接制造出零件的成形方向发展，有些零件成形后无须切削加工，可直接投入使用，这对批量生产可大量节省原材料、降低能源消耗。因为先进成形技术与节材、节能、绿色制造密切相关，它已成为当今世界发展先进制造技术中的一项关键课题。先进成形技术在材料选择、成形设计、成形工艺、成形装备以及生产线等成形环节中，融合计算机设计、工艺模拟、自动控制、信息化等数字化技术，使成形过程向数字化、精密化、绿色化、成线化方向发展。

3. 虚拟制造技术

虚拟制造技术（Virtual Manufacturing Technology）以计算机仿真技术为基础，在计算机上进行新产品的设计、加工、装配、检验等项工作，大大缩短新产品的开发周期，避免传统开发过程中原本需要消耗的人力、物力和财力资源，有效降低生产成本，提高经济效益。

4. 网络制造技术

网络制造技术（Web Manufacturing Technology）以网络技术、信息技术为基础，发挥智力资源、设备资源的优势，超越空间和时间约束的概念，通过局域网或国际互联网，快速传递加工信息，异地制造出所需要的产品，省去不必要的物流成本，取得可贵的经济效益。目前，无线网络制造技术也即将推出，只要在数控机床上安装信号接收装置，操作人员可在远离机床的地方进行加工控制。

5. 激光制造技术

激光制造技术（Laser Manufacturing Technology）把激光集束性好、输出功率高的特性，应用到材料的加工领域，解决了高强度工程材料加工的难题。具有可以进行非接触加工的优点，并可适应各种材料的超微细加工。激光手术刀和激光枪正是这项技术的应用产品。

6. 快速原型制造技术

快速原型制造技术（Rapid Prototyping Manufacturing Technology）具有任何传统制造技术所不可具备的独特优势，它摆脱了传统的毛坯制造、刀具准备、粗精加工等工艺，可从"电子模型"直接制造出零件或零件模型，这对单件或小批量生产以及模具制造而言具有高速度、高柔性的特点。快速原型制造技术所采用的材料范围随着该项技术的发展变得越来越宽，目前可使用的材料有光敏树脂、ABS（丙烯腈-丁二烯-苯乙烯）、纸张、石蜡、复合材料、陶瓷和金属材料等。按照使用材料的不同，快速原型制造技术主要有光敏感光聚酯造型（Stereo Lithography）、层压体制造（Laminated Object Manufacturing）、选择性激光烧结（Selected Laser Sintering）、熔融沉积造型（Fused Deposition Modeling）等技术方法。快速原型制造技术集成了计算机技术、控制技术、材料科学、光机电一体化等科学技术。

3D 打印技术是快速原型制造技术的深化和发展，采用不同的原材料，可打印出风格迥然不同和用途不同的产品，这项技术的使用对资源的有效利用，以及对周边环境的保护，起着相当大的作用。

第十一章　企业非标设备的规划、设计和制造

7. 计算机数控加工技术

计算机数控加工技术（Computer Numerical Control Machining Technology）是在原数控机床加工技术的基础上发展起来的一项新技术，它能自动地按计算机给定的程序进行零件加工。还能够采用计算机自动编程的功能，与 CAD/CAM 技术一起直接从三维图形生成编程指令进行加工，减少了许多中间环节，大大提高劳动生产率。

8. 柔性制造系统

柔性制造系统（Flexible Manufacturing System）是以数控机床为主体组成的制造系统，它包括数控机床、工装、检测、工件运载、机械手、中央控制系统等部分。其优异的柔性自动化性能、优异而稳定的加工精度、灵活快捷而多样化的功能，已引起世人瞩目，至今已成为先进制造技术中一项核心技术。发展柔性结构体系的数控制造系统，是实现在快速多变的市场环境中对用户驱动的市场需求做出灵活、快速响应的关键。

9. 绿色制造技术

绿色制造技术（Green Manufacturing Technology）是随环境保护、节约资源和可持续发展的需要应运而生的，它涉及绿色产品的设计、产品寿命周期没有污染，资源的可再生利用等一系列问题。这项新技术的出现，已引起越来越多科技人员的研究兴趣和国家政府部门领导的高度重视。科学发展观要求现代制造业综合考虑环境影响和资源利用效率，绿色制造技术是一项很有发展前途但同时科技含量要求很高的新技术。

绿色制造是指在保证产品的功能、质量、成本的前提下，综合考虑环境影响和资源效率的现代制造模式，以使产品从设计、制造、使用到报废整个产品生命周期中不产生环境污染或使环境污染最小化，符合环境保护要求，节约资源和能源，使资源利用率最高，能源消耗最低，并使企业经济效益和社会生态效益协调最优化。

绿色制造的内涵包括节约能源与资源、减少污染与废弃物、全生命周期循环三个方面，以及绿色设计、绿色生产、绿色使用、绿色制回收等环节。

10. 综合自动化技术

综合自动化技术（Syntheses Automatic Technology）包括产品研究与过程开发自动化技术、生产过程和设备自动化技术、管理自动化技术等方面，综合自动化技术是提高劳动生产率的有效手段，是 21 世纪以信息技术为特征的先进制造技术发展的核心技术。提升我国制造业的整体水平，离不开综合自动化技术。

11. 再制造技术

再制造技术（Re‑manufactory Technology）是实现循环经济"减量化、再利用、资源化"的重要途径，是废旧机电产品再生利用、延长使用寿命的高级形式。再制造作为我国新世纪重点发展起来的新方向，以节约资源和能源、保护环境为特色，以综合利用信息技术、纳米技术、生物技术等高科技为核心，深入研究以产品全寿命周期理论、废旧零件和再制造零件的寿命评估预测理论等为代表的再制造基础理论，探索有效的无损检测及寿命预测理论与技术及表征方法，揭示产品寿命演变的科学本质。研究用于再制造的先进表面工程技术群，使再制造零件表面涂层的强度更高、寿命更长，确保再制造产品的质量达到或超过新品。

三、结语

20世纪以来，随着我国信息技术、生物技术、新材料技术、能源与环境技术、航空航天技术和海洋开发技术六大科学技术的发展与应用，现代新技术正源源不断地发展涌现出来，先进制造技术同样如此，这必将带动制造业的整体变革，并不断地提高制造业的产业水平和竞争能力。未来的制造业将向绿色化、集成化、数字化、智能化、网络化方向发展，信息技术将会贯穿整个制造业。

现代制造业必须从以往依靠人力、资源消耗的低成本优势，转变为依靠知识、技术和服务创新的高附加值的竞争优势。从以产品为中心迈向以提供产品和增值服务为中心，是制造业的历史发展和进步的要求。

只要我们不断地采用现代新技术和当今最新的科技成果，提升自主创新能力，注重自主知识产权，提高国际竞争能力，用科学的发展观去走制造业可持续发展的道路，不断地提升我国制造业的水平，将会使我们国家真正成为世界制造强国。

我国要实现制造强国的梦想，需要优秀的学科和技术带头人、领军人才，需要一大批优秀人才和团队，在自主创新方面狠下功夫，一步一个脚印，脚踏实地走自己的发展道路。党的十八届五中全会提出，在"十三五"期间推行"中国制造2025"计划，这为我国制造业走向"中国智造"提供了政策保障。

思考题

11-1 在非标设备的规划和设计中，都应考虑哪两个方面的问题？

11-2 非标设备的制造属于哪类制造业？

11-3 请叙述现代制造业的特征。

11-4 请介绍先进制造技术情况。

计算题

1. 某公司为购设备向银行贷款 10 万元,年利率为 4.5%,2 年末还清,按复利计算,偿还本息为多少?

2. 某公司准备对回报率为 15% 的科技项目进行投资,欲 5 年后得到 1000 万元,现在应投资多少?

3. 一新厂基建 5 年,每年向银行借款 1000 万元,年利率为 8%,投产时一次还清,问 5 年末应付本息多少?

4. 某企业项目准备初期投资 300 万元,且当年要求有收益,投资收益率为 22%,打算 6 年时间全部可回收,求每年末的预计等额收益。

5. 某企业为扩大生产,需要设备投资 6 万元,投资回收期若从项目建设期起算,该设备第 2 年投产使用。每年折旧费 5000 元,投产年开始,每年的净利润数值分别为:-1000 元、2000 元、5000 元、6000 元、7000 元、7000 元、⋯。求项目静态投资回收期。

6. 设备投资现有 A、B、C、D 四个方案,情况如下:

方案	初期投资	每年净现金流量	收益率	使用年限
A	10000 元	2500 元	17%	8
B	15000 元	3000 元	17%	8
C	20000 元	4500 元	17%	8
D	22000 元	5000 元	17%	8

用 NPVR 法分析,哪一个方案最佳?(注:期末残值 2000 元)

7. 某设备购置费为 40 万元,投入使用后其残值按每年 $[20/(1+t)+8]$ 万元下降,使用维修费按 $(5+4t)$ 万元上升。按成本模型法估算最佳年限 t。

8. 已知某产品单位售价为 1200 元，单位产品的制造成本：材料费 500 元，劳务费 200 元，每年设备费用 20 万元，单位产品可变费用 50 元；销售产品时每年需要固定费用 2 万元，单位产品可变费用 30 元。

1）求盈亏平衡点 X。

2）欲要年创利润 50 万元，求其总的年产量。

9. 某设备投资规划为 20 万元，预定使用 10 年，$I = 10\%$，预计这期间的税率可能为 30% 和 33%，用列表形式求其收益情况，并对三种情况进行敏感性分析。

1）使用年限可能缩短 2 年。

2）现金净收益可能减少 10%。

3）税率可能变化 30%~33%。

（估计每年的现金毛收入，第一年为 12 万元，往后每年递减 1 万元）

10. 某化工厂准备购置一套设备，估计设备投产后达到其生产能力的可能性见下表：

达到生产能力（%）	50	60	65	70	75	80	85
概率（%）	5	10	15	20	40	6	4

计算达到生产能力的期望值 U_m。

11. 某设备故障分布服从指数分布规律，其平均寿命为 6000h，试求其使用 300h、400h、800h 后的可靠度。

12. 根据维修记录，某大楼电梯在一个月内发生 6 次故障，共停机 360min。按正常研究分析，故障服从指数分布规律。现要求故障停机时间不能超过 60min，因此用 60min 作为规定修复时间，试求其电梯的维修度。

附 录

附录 A　正态分布表

$$\Phi(u) = \frac{1}{\sqrt{2\pi}} \int_{-\infty}^{u} e^{-x^2/2} dx$$

u	0.00	0.01	0.02	0.03	0.04	0.05
−0.0	0.5000	0.4960	0.4920	0.4880	0.4840	0.4801
−0.05		0.4761	0.4721	0.4681	0.4641	
−0.1	0.4602	0.4562	0.4522	0.4483	0.4443	0.4404
−0.15		0.4364	0.4325	0.4286	0.4247	
−0.2	0.4207	0.4168	0.4129	0.4090	0.4052	0.4013
−0.25		0.3974	0.3936	0.3897	0.3859	
−0.3	0.3821	0.3783	0.3745	0.3707	0.3669	0.3632
−0.35		0.3594	0.3557	0.3520	0.3483	
−0.4	0.3446	0.3409	0.3372	0.3336	0.3300	0.3264
−0.45		0.3228	0.3192	0.3156	0.3121	
−0.5	0.3085	0.3050	0.3015	0.2981	0.2946	0.2912
−0.55		0.2877	0.2843	0.2810	0.2776	
−0.6	0.2743	0.2709	0.2676	0.2643	0.2611	0.2578
−0.65		0.2546	0.2514	0.2483	0.2451	
−0.7	0.2420	0.2389	0.2358	0.2327	0.2297	0.2266
−0.75		0.2236	0.2206	0.2177	0.2148	
−0.8	0.2119	0.2090	0.2061	0.2033	0.2005	0.1997
−0.85		0.1949	0.1922	0.1894	0.1867	
−0.9	0.1841	0.1814	0.1788	0.1762	0.1736	0.1711
−0.95		0.1685	0.1660	0.1635	0.1611	
−1.0	0.1587	0.1562	0.1539	0.1515	0.1492	0.1469
−1.05		0.1446	0.1423	0.1401	0.1379	
−1.1	0.1357	0.1335	0.1314	0.1292	0.1271	0.1251
−1.15		0.1230	0.1210	0.1190	0.1170	

（续）

u	0.00	0.01	0.02	0.03	0.04	0.05
−1.2	0.1151	0.1131	0.1112	0.1093	0.1075	0.1056
−1.25		0.1038	0.1020	0.1003	0.09853	
−1.3	0.09680	0.09510	0.09342	0.09176	0.09012	0.08851
−1.35		0.08691	0.08534	0.08379	0.08226	
−1.4	0.08076	0.07927	0.07780	0.07636	0.07493	0.07353
−1.45		0.07215	0.07078	0.06944	0.06811	
−1.5	0.06681	0.06552	0.06426	0.06301	0.06178	0.06057
−1.55		0.05938	0.05821	0.05705	0.05592	
−1.6	0.05480	0.05370	0.05262	0.05155	0.05050	0.04947
−1.65		0.04846	0.04746	0.04648	0.04551	
−1.7	0.04457	0.04363	0.04272	0.04182	0.04093	0.04006
−1.75		0.03920	0.03836	0.03754	0.03673	
−1.8	0.03593	0.03515	0.03438	0.03362	0.03288	0.03216
−1.85		0.03144	0.03074	0.03005	0.02938	
−1.9	0.02872	0.02807	0.02743	0.02680	0.02619	0.02559
−1.95		0.02500	0.02442	0.02385	0.02330	
⋮	⋮	⋮	⋮	⋮	⋮	⋮
0.0	0.5000	0.5040	0.5080	0.5120	0.5160	0.5199
0.05		0.5239	0.5279	0.5319	0.5359	
0.1	0.5398	0.5438	0.5478	0.5517	0.5557	0.5596
0.15		0.5636	0.5675	0.5714	0.5753	
0.2	0.5793	0.5832	0.5871	0.5910	0.5948	0.5987
0.25		0.6026	0.6064	0.6103	0.6141	
0.3	0.6179	0.6217	0.6255	0.6293	0.6331	0.6368
0.35		0.6406	0.6443	0.6480	0.6517	
0.4	0.6554	0.6591	0.6628	0.6664	0.6700	0.6736
0.45		0.6772	0.6808	0.6844	0.6879	
0.5	0.6915	0.6950	0.6985	0.7019	0.7054	0.7088
0.55		0.7123	0.7157	0.7190	0.7224	
0.6	0.7257	0.7291	0.7324	0.7357	0.7389	0.7422
0.65		0.7454	0.7486	0.7517	0.7549	
0.7	0.7580	0.7611	0.7642	0.7673	0.7703	0.7734
0.75		0.7764	0.7794	0.7823	0.7852	
0.8	0.7881	0.7910	0.7939	0.7967	0.7995	0.8023
0.85		0.8051	0.8078	0.8106	0.8133	
0.9	0.8159	0.8186	0.8212	0.8238	0.8264	0.8289
0.95		0.8315	0.8340	0.8365	0.8389	
1.0	0.8413	0.8438	0.8461	0.8485	0.8508	0.8531
1.05		0.8554	0.8577	0.8599	0.8621	
1.1	0.8643	0.8665	0.8686	0.8708	0.8729	0.8749
1.15		0.8770	0.8790	0.8810	0.8830	

（续）

u	0.00	0.01	0.02	0.03	0.04	0.05
1.2	0.8849	0.8869	0.8888	0.8907	0.8925	0.8944
1.25		0.8962	0.8980	0.8997	0.90147	
1.3	0.90320	0.90490	0.90658	0.90824	0.90988	0.91149
1.35		0.91309	0.91466	0.91621	0.91774	
1.4	0.91924	0.92073	0.92220	0.92364	0.92507	0.92647
1.45		0.92785	0.92922	0.93056	0.93189	
1.5	0.93319	0.93448	0.93574	0.93699	0.93822	0.93943
1.55		0.94062	0.94179	0.94295	0.94408	
1.6	0.94520	0.94630	0.94738	0.94845	0.94950	0.95053
1.65		0.95154	0.95254	0.95352	0.95449	
1.7	0.95543	0.95637	0.95728	0.95818	0.95907	0.95994
1.75		0.96080	0.96164	0.96246	0.96327	
1.8	0.96407	0.96485	0.96562	0.96638	0.96712	0.96784
1.85		0.96856	0.96926	0.96995	0.97062	
1.9	0.97128	0.97193	0.97257	0.97320	0.97381	0.97441
1.95		0.97500	0.97558	0.97615	0.97670	
⋮	⋮	⋮	⋮	⋮	⋮	⋮

附录 B　38 种典型设备修理复杂系数表

序号	设备名称	型号	规格	复杂系数 机械	复杂系数 电气
1	转塔车床	C336-1	φ36mm	8	4
2	立式车床	C5116A	φ1600mm	25	15
3	卧式车床	C616	φ320mm×500mm	8	5
4	卧式车床	C6136A	φ360mm×750mm	7	4
5	卧式车床	C620	φ400mm×750mm	10	5
6	卧式车床	C650	φ1000mm×1500mm	20	8
7	摇臂钻床	Z35	φ50mm	11	7
8	立式钻床	Z535	φ35mm	7	3.5
9	卧式镗床	T68	φ85mm	25	11
10	无心磨床	M1050	φ50mm	8	9
11	外圆磨床	M120	φ200mm×710mm	10	8
12	外圆磨床	M131W	φ315mm×1000mm	13	10
13	外圆磨床	M1420	φ200mm×750mm	11	9
14	工具磨床	M6025	φ250mm×630mm	6	4
15	平面磨床	M7130	300mm×1000mm	12	9.5

（续）

序号	设备名称	型号	规格	复杂系数 机械	复杂系数 电气
16	滚齿机	Y38	φ800mm×M8	15	5
17	插齿机	Y54	φ462mm×M6	12	6
18	立式铣床	X53K	400mm×1600mm	15	9
19	卧式铣床	X62W	320mm×1250mm	13	8
20	万能工具铣床	X8126	270mm×700mm	9	5
21	牛头刨床	B665	650mm	9	3
22	弓锯床	G72	φ220mm	5	3
23	开式双柱压力机	J23-40	40t		
24	摩擦压力机	J53-300	300t	17	手动5 液压7
25	空气锤	C41-200	200kg	9	6
26	剪板机	Q11-3	3mm×1200mm	5	3
27	单梁行车		3t, 10.5~17m	4.5	13
28	单梁行车		5t	8	15
29	双梁行车		10t, 10~16.5m	14	30
30	载货汽车	CA-10B	4t	19	6
31	载货汽车	JN-150	8t	25	7
32	电瓶车	20B	2t	4	12.5
33	活塞式压缩机	3L-10/8		12	17
34	箱式电阻炉	RJX-45-9	45kW	6	5
35	电力变压器		560kV·A		15
36	交流弧焊机	BK500			6.5
37	直流弧焊机	AT-320			10
38	高频加热设备	GP-60	60kW	8	20

参 考 文 献

[1] 徐扬光. 设备综合工程学概论 [M]. 北京：国防工业出版社，1988.

[2] 古可，等. 现代设备管理 [M]. 北京：机械工业出版社，1989.

[3] 朱明道. 设备管理工程 [M]. 北京：水利电力出版社，1990.

[4] 徐扬光. 设备工程与管理 [M]. 上海：华东化工学院出版社，1992.

[5] 王介民. 工业产品艺术造型设计 [M]. 北京：清华大学出版社，1995.

[6] 李葆文. 机电设备诊断原理与技术 [M]. 广州：华南理工大学出版社，1996.

[7] Li Baowen. On Systematic Maintenance [C] //97 设备维修与管理国际会议论文集（英）. 北京：机械工业出版社，1997.

[8] 浦维达. 汽车可靠性工程 [M]. 北京：机械工业出版社，1998.

[9] 中国机械工程学会设备维修分会. 设备工程实用手册 [M]. 北京：中国经济出版社，1999.

[10] 易大义，陈道琦. 数值分析引论 [M]. 杭州：浙江大学出版社，2001.

[11] 沈永刚. 迭代法在现代设备管理计算中的应用 [J]. 上海工程技术大学学报，2001（2）：129-132.

[12] 王江萍. 机械设备故障诊断技术及应用 [M]. 西安：西北工业大学出版社，2001.

[13] 虞和济，等. 设备故障诊断工程 [M]. 北京：冶金工业出版社，2001.

[14] 张辽远. 现代加工技术 [M]. 北京：机械工业出版社，2003.

[15] 姚福生. 先进制造和自动化技术发展趋势（上）[J]. 航空制造技术，2003（3）：11-14.

[16] 王润孝. 先进制造技术导论 [M]. 北京：科学出版社，2004.

[17] 路甬祥. 21 世纪中国制造业面临的挑战与机遇 [C] //中国机械工程学会 2004 年年会论文集. 北京：机械工业出版社，2004.

[18] 黄志坚，袁周. 液压设备故障诊断与监测实用技术 [M]. 北京：机械工业出版社，2005.

[19] 沈永刚，吴文君. 用现代新技术来提升现代制造业 [J]. 机械与电子，2005（增刊）：14-16.

[20] 李葆文. 现代设备资产管理 [M]. 北京：机械工业出版社，2006.

[21] 杨志伊. 设备状态监测与故障诊断 [M]. 北京：中国计划出版社，2006.

[22] 尹隆森，孙宗虎. 目标分解与绩效考核设计实务 [M]. 北京：人民邮电出版社，2006.

[23] 郁鼎文，陈恳. 现代制造技术 [M]. 北京：清华大学出版社，2006.

[24] 朱江峰，黎震. 先进制造技术 [M]. 北京：北京理工大学出版社，2007.

[25] 李伟. 先进制造技术 [M]. 北京：机械工业出版社，2007.

[26] JMAM 目标管理项目组. 目标管理决定成败 [M]. 傅羽弘，郭美辛，译. 北京：科学出版社，2007.

[27] 陈长征，胡立新，周勃，等. 设备振动分析与故障诊断技术 [M]. 北京：科学出版社，2007.

[28] 徐保强，李葆文，张孝桐，等. 规范化的设备备件管理 [M]. 北京：机械工业出版社，2008.

[29] 张梅军. 机械状态检测与故障诊断 [M]. 北京：国防工业出版社，2008.

[30] 科学技术部办公厅，等. 世界前沿技术发展报告 2007 [M]. 北京：科学出版社，2008.

[31] 张曙. 智能工厂的概念、现状和趋势 [J]. 机械工程导报，2015（4）：1-7.

[32] 麦肯锡全球研究院.颠覆性技术之3D打印[J].梁莹,译.机械工程导报,2014(5):28-33.

[33] 杨申仲,等.现代设备管理[M].北京:机械工业出版社,2012.

[34] 李葆文.与工厂经理谈谈设备管理[M].北京:机械工业出版社,2015.

[35] 中国机械工程学会设备与维修工程分会.设备管理与维修路线图[M].北京:中国科学技术出版社,2016.

[36] 中国机械工程学会再制造工程分会.再制造技术路线图[M].北京:中国科学技术出版社,2016.